ICH LASSE DICH NICHT,
DU SEGNEST MICH DENN.

Michael Groß

ICH LASSE DICH NICHT, DU SEGNEST MICH DENN.

Gott suchen und finden
im täglichen Leben

2019
TWENTYSIX

Impressum

Bibliografische Information der Deutschen Nationalbibliothek:
Die Deutsche Nationalbibliothek verzeichnet diese Publikation
in der Deutschen Nationalbibliografie, detaillierte bibliografische
Daten sind im Internet über dnb.dnb.de abrufbar.

TWENTYSIX – Der Self-Publishing-Verlag
Eine Kooperation zwischen der Verlagsgruppe Random House und
BoD – Books on Demand
© 2019 Michael Groß

Herstellung und Verlag:
BoD – Books on Demand, Norderstedt

ISBN: 978-3-7407-5289-7

Meinen Kindern

Inhalt

Vorwort 13
Einleitung 17
Rückhaltlos glauben 21

GOTT SUCHEN 22

Sich frei machen von Illusionen der Einbildungskraft 23
Ablehnung 24
Liebe, Triebe und Unendlichkeit 26
Müde 29
Allein 31
Krank 33
Kinder loslassen 34
Unverschämtheiten aushalten 37
Intrigen 40
Mut zur Verantwortung 43
Im Einzelnen das Ganze sehen 46
Bald kommt die große Katastrophe 49
Ziegel anhäufen 51
Das wusste ich immer 52
Teresa von Avila schreibt 54
Gott suchen lohnt sich 57
Das Leben schätzen 60
Verzweiflung 63
Glaube an das Gute im Menschen 64
Die Liebe Gottes zur Welt 66
Archaische Freiheit 67
Geliebt werden 69

MOMENTE VOLL LICHT 70

Der Geist Gottes 71
Kann man Gott begegnen? 75
Der Pilgerweg im Inneren 78

Gott im Tod begegnen 82
Auf der Seite der Menschen (Die Würde unserer Arbeit 1) 86
Im Inneren erfüllt (Die Würde unserer Arbeit 2) 88
Warum wir helfen (Die Würde unserer Arbeit 3) 90
Gute Führung (Die Würde unserer Arbeit 4) 92
Fluchttendenz 94
In meinem Inneren bist Du 97
Gott will den anderen dienen 100
Den eigenen Erfahrungen trauen 103
Alles in Gottes Hände legen 104
Im Sterben 105
Was ist Spiritualität? („Spiritual Care" 1) 108
Glaubend sterben? („Spiritual Care" 2) 110
Die Bedeutung der Kirche für Spiritualität („Spiritual Care" 3) .. 112
Spiritual Care in der Organisation („Spiritual Care" 4) 113
Eine kleine Hilfe für den Alltag: dieser kleine Vers 116
Weltweite Bedrohungen (zerbrechliche Welt 1) 117
Unsere globale Verantwortung (zerbrechliche Welt 2) 119
Die Kraft finden, in Verantwortung zu gehen
(zerbrechliche Welt 3) 123

WIE WEITER? 127

Langeweile, Warten, Geduld 128
Vorsatz 130
Was bleibt 132
Anmerkungen 134
Dank 141

Vorwort

Gott in allen Dingen suchen und finden …

… in diese Richtung bewegt sich die Spiritualität des heiligen Ignatius von Loyola und in diese Richtung weisen auch die Texte des vorliegenden Buches. Die darin geäußerten Gedanken sind ehrlich, konkret, alltagstauglich, sie beschönigen nichts, sind nicht fromm dahergesagt und sind doch fromm in einer ganz elementaren Weise. Sie lassen Gott nicht los, weil sie am Leben haften und weil Gott ein Freund des Lebens ist (vgl. Weish 11, 26). Es geht um das Leben in seiner ganzen Fülle, mit seinen Licht- und Schattenseiten, das gebrochene, verängstigte, sorgenvolle, zugemutete Leben, das zugleich so wunderbar und so kostbar ist.

Gott in allen Dingen dieses Lebens zu suchen und zu finden, das ist die Kunst des geistlichen Lebens, ein ständiger, nie abgeschlossener Auftrag an jeden Menschen. Insofern sind die vorgelegten Gedanken durchaus den biblischen Psalmen vergleichbar, jenen uralten Gebeten Israels, die ebenfalls die ganze große Welt und die innigsten Gedanken und Empfindungen der Menschen vor Gott ins Wort fassen und so ins Gebet bringen.

Ich wünsche dem vorliegenden Buch von Michael Groß viele aufgeschlossene Leserinnen und Leser, die sich durch die Anregungen ansprechen und berühren lassen und auch ermutigt werden, selbst die eigenen persönlichen Erfahrungen von Freude und Leid und ganz banalem Alltag mit Gott in Beziehung zu setzen.
Die Gottesfrage ist sicher die wichtigste Herausforderung unserer Zeit. Sie lässt sich nicht theoretisch-spekulativ lösen, sondern erfährt eine Antwort nur durch das Erschließen ihrer praktischen Relevanz, nur durch das konkrete Tun.

Dazu ermutigt diese Textsammlung. Sie regt an, wie Jakob mit dem Unfassbaren und Unbekannten zu ringen und IHN nicht loszulassen, wenn ER nicht Segen zurücklässt (vgl. Gen 32, 23–31). So wird der Weg in die Zukunft möglich, trotz neuer und beschwerlicher Herausforderungen.

Möge das Buch den Leserinnen und Lesern zur Hilfe und zum Segen werden!

Bamberg, im April 2019
+ Herwig Gössl
Weihbischof in Bamberg

Einleitung

Es gibt eine Fülle geistlicher „spirituelleʺ Bücher und Ansprachen, die die emotionalen und physischen Probleme unseres Lebens völlig ausblenden und so tun, als träte uns Gott als klar wahrnehmbares persönliches Gegenüber wie ein Mensch vor Augen.
Ich empfinde beides als unehrlich und meiner Meinung trägt beides zur generellen Ablehnung religiöser Angebote als lebensfremd bei.

Mir war es immer ein Anliegen, die Suche nach Gott im wirklichen Leben mit seinen Krankheiten, Intrigen, dem Hamsterrad der täglichen Arbeit und auch im Glück zu beginnen und auch deutlich zu sehen und zu sagen, wie viel von Gott sich dort wirklich zeigt und wie viel nicht. Es ist vielen zur Gewohnheit geworden, nichts von sich selbst zu zeigen. Das wirkt einschläfernd. Authentisch kann ich nur wirken, wenn ich mich auch selber zeige.

In den letzten Jahren habe ich bei ehrlichen Versuchen, über Gott im richtigen Leben zu sprechen, so viele positive Rückmeldungen bekommen, dass ich sie veröffentlichen möchte, um Menschen, die wie ich den religiösen Einheitsbrei nicht ertragen, spirituelle Anknüpfungspunkte zu geben, durch die sie sich ernstgenommen fühlen.

Unsere Zeit kann keinen kalt lassen. Was wir in den Medien oder bei Gesprächen hören und sehen, kann uns nicht gefallen, wenn wir an das Gute glauben.
Jeden Tag beschäftigt mich die Frage, wie ich als Christ in dieser heutigen Welt, in diesem meinem Alltag leben kann.

Das ist für mich keine moralische Frage. Ich fürchte nicht Strafe, wenn ich etwas falsch mache, sondern es ist mir durch Bemühen und Gewohnheit zu einer Art zweiten Natur geworden, mein Gewissen zu befragen, was ich tun soll. Entspreche ich meinem Gewissen nicht, so leide ich früher oder später darunter und kann mir selbst im Spiegel nicht mehr in die Augen sehen, kann nicht mehr zu mir stehen. Will ich, dass es mir seelisch gut geht, so lebe ich lieber nach meinem Gewissen.

Es ist ein inneres Drängen in mir, in dieser Welt ich selbst sein zu wollen, als Gottes Geschöpf und Suchender/Glaubender. Ich vermute, dass es noch andere gibt, die ähnlich empfinden. Ihnen will ich das Signal geben: wir sind nicht allein. Wie sind mehr, als es manchmal scheint.

Es ist so, dass ich – wie wohl alle Menschen – in meinem Leben die ein oder andere spirituelle Erfahrung machen durfte. Manchmal fühlte ich mich danach gestört oder beleidigt, wenn mich die Realität ein- und auf den Boden der Tatsachen zurückgeholt hat. Bis mir selber aufgefallen ist, dass mir eine esoterische Spiritualität im Innersten zuwider ist. Ich will nicht dieser schmutzigen Welt enteilen und von einem geistigen Höhepunkt zum nächsten schweben. Das würde irgendwann hohl und abgehoben und ich könnte mein alltägliches Leben dennoch nicht bewältigen.

Irgendwann ist mir aufgefallen, dass ich glücklicher leben kann, wenn es mir gelingt, meinen Alltag anzunehmen und das Geistliche im Weltlichen, das Spirituelle im Schmutz zu suchen.
Es kann nicht darauf ankommen, der Welt zu enteilen, sondern es kommt darauf an, das Heilige in der Welt zu finden und zu leben.

Ich bin überzeugt, dass das eine der Kernaussagen des Christentums ist: das Göttliche ist in der Welt zu finden. Gott kam in die Welt und wurde eins mit ihr, er lebte und starb wie wir. Noch im Leiden, den Schmerzen und dem Tod ist Gott zu finden.

Es ist nicht möglich, durch den Glauben, spirituelle Erfahrungen, Gebet oder Wunder dem Leben zu entkommen, das wir leben. Es gibt Erfahrungen, die uns nicht gefallen und die wir dennoch machen, ob wir wollen oder nicht. Es gibt Ereignisse, die uns treffen, ohne dass wir uns wehren können. Jesus, obwohl Sohn Gottes, starb am Kreuz. Wir können dem Leben, wie es ist, nicht entkommen, aber wir können versuchen, es als Christen zu leben.

So möchte ich auf den folgenden Seiten Situationen des Lebens beschreiben und deutlich machen, wo ich in diesen Situationen vielleicht die göttliche Seite des Lebens erahnen und wie ich mich in ihnen als Christ verhalten kann.

Die folgenden Gedanken und Gebete sind in aller Ehrlichkeit geschrieben. Vielleicht können sie dem Leser helfen, seine eigenen Gedanken und Gebete zu formulieren. Beigefügt sind auch einige Bilder, die dazu einladen sollen, bei den Gedanken etwas zu verweilen.

Rückhaltlos glauben

Indem[1] ich diese Zeilen schreibe, will ich mich auch ein wenig selbst befreien aus meinen manchmal grüblerischen und selbstbezogenen Gedanken, will mich der Kritik anderer stellen und vielleicht auch dem einen oder der anderen helfen bei seinen oder ihren eigenen Fragen. Ich will dies mit aller Kraft tun und nicht mehr zögern. Denn es ist nicht unsere Aufgabe, uns immer nur um uns selber zu drehen, sondern wir sollten der Welt helfen, in der wir leben. Es ist ab einem bestimmten Punkt Hochmut, Gedanken zurückzuhalten, die anderen vielleicht zur Heilung helfen.

Und der Glaube an Gott kann nur tragen, wenn ich es wage, mich auf ihn ganz einzulassen, vorbehaltlos, in jeder einzelnen Situation.

GOTT SUCHEN

Sich frei machen von Illusionen der Einbildungskraft

Es muss immer darum gehen, die Dinge im Leben so zu sehen, wie sie sind[2]. Wir wollen und sollten uns nichts vormachen. Wenn wir es doch tun, wissen wir, dass wir es tun und das, was wir uns einreden, erscheint uns selbst unglaubwürdig.
Es geht um eine einfach nüchterne Wachheit und Wahrnehmung der Dinge, der Gefühle, der Menschen, der Welt.
Was zeigt sich dann?
Wir sind voller sich im Sekundentakt ändernder Gefühle, Gedanken, Wünsche, Schmerzen, Sehnsüchte und so gehen wir durchs Leben.
Ist das schlecht?
Nein.
So leben wir.
Wir tun etwas. Dann kommen Bedürfnisse, denen wir nachgeben und folgen. Wir stellen Fragen über das Woher und Wohin. Dinge wiederholen sich. Es geschieht Leidvolles und Schönes und vergeht wieder und wir fragen uns, wozu?
Besonders das Leiden fordert uns heraus. Sind wir ihm voll ausgeliefert? Können wir etwas daran ändern? Manchmal gelingt das und wir können das Leid abwenden. Dann trifft es uns wieder. Es zwingt uns, innezuhalten und zu schauen, wer wir sind. Wir sehen uns selbst in unseren Schmerzen und unseren Grenzen, in unserer Endlichkeit und unserer Fleischlich- und Hässlichkeit.

Ablehnung

Wieso lehnen viele in der Generation unserer Eltern den Zuzug von Flüchtlingen so intuitiv und so hart ab? Sie waren oft selber Flüchtlinge und auf Hilfe und Barmherzigkeit angewiesen. Sie haben mir so lange Hilfsbereitschaft gepredigt. Wieso diese Hartherzigkeit?
Haben sie Angst um ihren erarbeiteten Besitz und Wohlstand? Sicher. Aber sind Dinge derart wichtig, dass man unmittelbar ablehnend reagiert?

Ein älterer Mann hat mir von Angriffen durch russische Truppen und Panzer in den Dörfern erzählt, in denen er in seiner Kindheit auf der Flucht untergekommen war. Die Erfahrung, dass Menschen in anderen Teilen der Erde so tief von Gewalt geprägt sind, dass sie zum wertschätzenden Umgang mit friedlichen Kindern nicht in der Lage sind, dass sie Kinder erschießen, die nur über die Straße laufen, scheint ihn bis heute tief zu bestimmen und etwas wie einen spontanen Ekel davor in ihm auszulösen, Fremde hereinzulassen.

Ich gestehe, dass ich diesem Mann im Grunde ähnlich bin. Wenn ich meine (was lange dauern kann), mich davon überzeugt zu haben, dass jemand meinen (moralischen?) Ansprüchen nicht genügt, dann ist er bei mir „unten durch". Ich gehe der Begegnung mit ihm aus dem Weg und will gar nicht mehr versuchen, ihm offen zu begegnen.

Muss ich darin nicht eigentlich nur meine eigenen Grenzen erkennen?

An manchen Tagen bin ich voller Ablehnung gegen mich selbst, gegen mein Leben, meine Gedanken und Taten, gegen mein Äußeres und mein Inneres. Ich weiß nicht genau genug, woher diese Ablehnung kommt. Aber ich spüre, dass sie mir und anderen wehtut. Sie führt nirgendwohin. Was ich ablehne, kann ich nicht aus eigener Kraft beseitigen. Die Ablehnung hat etwas Ungnädiges und Lebensfeindliches. Und ich drehe mich darin nur um mich selbst.

Wenn ich wenigstens kurz Abstand von meinem Ego nehmen kann, bin ich dann nicht aufgefordert, mich je neu auf den ganz anderen einzulassen und ihn in seiner Not zu sehen und ernst zu nehmen?

Liebe, Triebe und Unendlichkeit

Jeder große Film lässt mich von der idealen Liebe träumen, vom idealen Partner, der so gut zu mir passt, dass nur noch Harmonie und paradiesische Gefühle herrschen. Der so ist, dass der Alltag keine Last, sondern eine einträchtige große Freude ist.

Die Realität ist anders. Wir wissen eigentlich alle, dass es den idealen Partner nicht gibt. Und leider ist der Alltag oft von Missverständnissen, Konflikten und Disharmonien gekennzeichnet. Im Alter, wenn die Eigenheiten zunehmen, die Gerüche intensiver und die Wahrnehmung sensibler, die Kräfte schwächer werden, da mag sich das manchmal noch unerträglicher anfühlen.

Wenn mir irgendwo bildgewordene Sexualität begegnet, dann sind die Männer und Frauen dort in der Regel unglaublich schön und attraktiv, der Sex ein reiner Traum und die Befriedigung riesig. Die Anziehung so, dass der Atem stockt. In der Realität eines langen Lebens sind da auch Schmerzen, Missverständnisse, Situationen ohne Befriedigung und ohne traumhafte Fantasien.

Über die Jahre müssen wir einsehen, dass die Realität den Wünschen in unserem Innern oft nicht gerecht wird. Die Realität kann schmutzig, unglücklich, gehetzt, würdelos und abstoßend sein. Oder einfach real, banal, alltäglich.

Wenn ich irgendwann einsehen muss, dass der andere niemals so werden wird, wie ich ihn mir wünschen würde, wenn ich verstehe, dass er nie mehr der Traumprinz werden wird, was ist dann?

Falle ich dann in Verzweiflung und stoße ihn weg? Was heißt es dann, dass die Liebe niemals aufgibt, auch nicht in den schlechten Tagen?

Geht es darum, sich in Frieden anzunehmen, wie man ist?

Ich habe immer wieder jahrelang in negativen und unterdrückenden Beziehungen ausgehalten, weil ich auf etwas anderes, Tolles gehofft habe. Es ist mir früher sehr, sehr schwer gefallen, zu Menschen zu stehen, die mich einfach annehmen. Ich habe immer ganz schnell auf sie herabgeschaut und mich vermeintlich Attraktiveren zugewendet. Dabei habe ich die Realität meines Lebens auch nicht wertgeschätzt, sondern mich anderen gegenüber und mir selbst gegenüber erniedrigt.

Das vermeintlich Perfekte, unerreichbar Glänzende hat mich lange mehr gelockt als menschliche Zuneigung zu mir und meinem Selbst.

Es ist leicht, deswegen ein schlechtes Gewissen zu haben oder das meinen Eltern in die Schuhe zu schieben, die mir „zu wenig Liebe um meiner selbst willen gegeben haben". Aber ich will ehrlicher selber die Verantwortung dafür übernehmen. Zu lange habe ich kleinmütig auf Höheres gehofft und menschliches Interesse einfach zur Seite gewischt.

Es war mir damit auch verwehrt, lieben zu lernen. (Oder es war nötig, das zu erleiden, um lieben lernen zu können.) Es hat gedauert, bis ich verstanden habe, dass Liebe um der Person willen Liebe zum Krummen und Unvollkommenen ist, die aber der Seele Frieden bringt.

Ich habe deswegen ein schlechtes Gewissen: wegen all der Momente, wo ich mich um irgendwelcher übergeordneten Ziele willen verschlossen habe für die ehrliche Liebe von Menschen.

Ich will dafür beten und hoffen, dass ich mich leichter berühren lassen kann von Zuneigung und Liebe und annehmen kann, was da ist.

Die Liebe ist der direkteste Weg zu Gott. Sie hat nichts mit den Sehnsüchten nach Perfektion und Paradies zu tun. Sie kann das Leben und die Menschen annehmen, wie sie sind. Die Liebe ist selbst ein Geschenk. Sie schenkt Kraft, Hoffnung und Freude. Sie zeigt sich da, wo ich sie nicht erwartet hatte und lässt mich und andere lächeln. Sie trägt in sich die Unendlichkeit und ich kann mit dem Herzen annehmen, was ich sonst vielleicht zurückweisen würde. Die Liebe ist geduldig und vom Herzen her menschlich und göttlich.

Müde

Ich bin müde. Mir schmerzen die Knochen.

Ich bin da.

Ich spüre den Reflex, etwas zu essen und zu trinken, mich fallen und vollrieseln zu lassen.

Mein Gott, ich will offen sein für Dich.

Allein

Gott, wo zeigst Du Dich so, dass ich Liebe und Fülle erlebe und nicht mehr das dauernde Gefühl des Mangels?
Ein Gott, der nur ein zu suchender ist, was ist der wert?

Ich ahne ja, dass Du in meiner Seele wohnst. Ich will auch auf Dich achten und nach Dir suchen.

Aber bringt mich das nicht von den anderen Menschen weg?
Wenn ich Dich finde oder ahne, dann sollte mich das den anderen Menschen näher bringen, so wie Dein Sohn den Menschen nahe war. Sonst jage ich einer Chimäre hinterher und nicht Dir.

Bist Du nicht einfach nur da?
Warum sehe ich Dich nicht?

Herr, öffne die Augen meiner Seele! Ich bitte Dich darum, denn ich vermag es nicht allein. Lass mich Dich wahrnehmen, bitte zeig Dich mir. Die Stille zu ertragen ist schwer.

Ich weiß, dass es nötig war, zu handeln und das habe ich getan und Dir hoffentlich keine Schande gemacht.
Hoffentlich habe ich damit nicht nur meine Seele eingelullt.

Ich suche Dich und vermisse Dich. Ich sehne mich – nach Dir?

Krank

Ich bin erschöpft, krank, kann das sonstige Tempo des Lebens nicht aufrechterhalten, fühle mich von meinen eigenen Vorsätzen gedemütigt. Hilfsbedürftig und doch quälend intensiv bin ich in der Verantwortung und kann nicht raus.

Alle hehren Ziele helfen mir nicht. Ich bin geworfen auf meinen schwachen Körper, meine Erschöpfung, Schmerzen und Qualen, meine eingeschränkte Wahrnehmungs- und Kommunikationsfähigkeit, und mehr ist da eben nicht.

Die große Liebe, die mich mal erfüllt hat, ist nicht zu spüren. Kein Gedanke an „Gott". Ich würde das Leben gern wertschätzen, aber ich fühle nur Kälte, Schmerzen und Arbeitslast.

Was mir sonst Entspannung und Ausruhen ermöglicht, reizt mich nicht und quält mich nur. Hoffentlich bin ich nicht zu verletzend zu meinen Lieben, die so geduldig sind, es wäre wahrlich nicht meine Absicht.

Da ist nur dieses schmerzvolle Hier und Jetzt. Ich bin eben nicht mehr Pilger auf dem Weg, nicht mehr schneller Läufer zum Ziel, nicht mehr Analytiker und Helfer, nicht im schönen Urlaub, nicht im Paradies, nur in der schmierigen Gegenwart. Und viel Dreck um mich herum. Ich verändere nicht mal eben diese Welt. Sie zwingt mich in die Knie.

Es fühlt sich sinnlos und verzweifelt an.
Soll ich all die Träume loslassen und mich nur diesem leeren Schmerz ergeben?

Wo sind die Liebe und Hoffnung, die sich manchmal so überreich gezeigt haben?

Kinder loslassen

Ich muss mich mit dem Gedanken abfinden, dass die Kinder mit mir nichts mehr oder nicht mehr so viel anfangen können.
Ich merke, dass ich am Ende eines langen Tages oft zu müde bin, um abends noch viel Kraft für die Familie zu haben.
Ich kann die Ansprüche, die die Kinder letztlich nicht an mich, sondern ans Leben haben, nicht einfach erfüllen. Es übersteigt meine Fähigkeiten.

Oft reagiere ich dann unzufrieden und verärgert. Warum? Was ärgert mich so? Eigentlich geht doch jeder seines Weges und es gibt auch schöne Momente. Warum bin ich dann selbst so ungeduldig und unleidlich? Weil ich immer nach etwas anderem Ausschau halte? Weil ich mich nach der Harmonie mit den kleinen Kindern, die nicht mehr da ist, zurücksehne?

Gestern habe ich einen kleinen Jungen angesehen und überlegt, wie leicht er ins Leben gefunden hat. Wie er wohl kurz nach seiner Geburt geschrien hat, weil die Geburt halt etwas unkomfortabel war? Ob es in den Tod hinüber genau so geht? Es sollte halt komfortabel sein?

Kommt es auf mehr an als darauf, einfach im Augenblick in Frieden zu sein?

Wonach suche ich ständig, so dass ich das Leben nicht nehme, wie es ist; so dass ich nicht annehmen und Frieden haben kann? Was treibt mich ständig? Warum will ich die Wirklichkeit unbedingt anders haben als sie ist? Ist das auch der kleine Junge in mir, der es gern harmonisch, warm und komfortabel hätte?

Kann ich nicht auch im Schwierigen Gutes sehen und damit meinen Frieden haben?

Wenn ich das Leben annehme, wie es ist, dann bin ich auch meinen Kindern eine Hilfe, weil ich dann nicht mehr versuche, die Dinge zu ändern, die nicht zu ändern sind. Die großen Kinder können dann klarer trennen zwischen ihrem und dem Familienleben und sich leichter orientieren. Wenn ich in mir friedlicher werde, wird das Leben auch für die anderen friedlicher.

Unverschämtheiten aushalten

Bestimmte Menschen sind unverschämt zu mir. Die Anrufe und Fragen von manchen Leuten gehen mir sehr an die Nieren. Meine Nerven liegen blank. Ich will es dauernd allen recht machen und allen helfen und bin am Schluss ein Nervenbündel, besonders wenn es jemand darauf anlegt, mich zu erledigen. Ich muss mich besser schützen. Mich abgrenzen. Pausen machen, mein eigenes Zimmer benutzen, Musik hören. Türe zu. Bestimmte Dinge gibt es nur zu einer bestimmten Zeit. Ansonsten muss jeder selbst mit sich zurechtkommen.

Ich will mich nicht so provozieren lassen. Wenn ich auf denjenigen zugehe, der mich angreift, und es nur eine oberflächliche Klärung gibt, aber ich mich öffnen und die Deckung fallen lassen muss und es dann kurz danach neue Angriffe auf die ungeschützten Stellen gibt, wachsen nur die Schmerzen. Der andere will manchmal gar keine Nähe. Er will mich vielleicht gar nicht in seinem Leben. Besser bleibe ich ruhig und distanziert.

Ich kenne eine Person, die ist nur am Schimpfen über diesen und jenen, die Familie usw. Sie will sich nicht helfen lassen, sondern sich selber reden hören und sich so selber bestätigen. Die Themen kommen unvermittelt aus ihrem Innern. Jeder von uns will etwas Besonderes sein, manch einer im Stress mit seiner Familie oder seinen Kollegen.

Distanz dazu ist wohl lebensnotwendig. Diese aufzubauen und zu wahren ist gar nicht so einfach, wenn die anderen einen so in ihre Themen verstricken.

Gut ist, etwas positives Eigenes zu haben und auszubauen und dazu zu stehen. Das kann in Momenten der Ruhe besser gelingen.
Ich will nach der inneren Quelle suchen, die mir Kraft geben kann, in mir zu ruhen, die Distanz zu wahren und nicht negativ zu werden. Dennoch fühle ich mich in meinem Innern oft so verschlossen, gerade wenn ich angegriffen werde.

Wo bringt mich das hin? Wenn ich mich verteidigen muss, dann benutze ich meinen Kopf und habe nichts weiter als geschwollene Worte und unerfüllte Sehnsüchte.

Schätze ich das Leben genug, das mir hier und jetzt gegeben ist?
Es gibt viele Menschen, die mich lieben und sehr schätzen. Das will ich mehr annehmen!
Manch einer hat Zeit für einen lieben und treuen Blick. Dafür will ich offen sein und ihn erwidern.
Mancher ist so still, so klug und so ausgewogen. Das ist wie ein Wunder. Hoffentlich bleibt es noch ein wenig so, das tröstet mich so sehr über das Verhalten anderer.

So einfach auf Wunsch greifen lässt Gott sich nicht. Dennoch ist er das Thema meines Lebens und mit da, wenn ich ihn am fernsten wähne, er ist in meinem Rücken und schützt und trägt und streichelt mich, und obwohl ich ihn nicht sehe, ist er mir so nah.

Da ist etwas wie ein Geheimnis in meinem Leben, das sich immer wieder zeigt, gerne dann, wenn ich die Hoffnung schon aufgeben will, und mir Kraft gibt zu glauben, zu hoffen und zu lieben.

Intrigen

Wenn die, an denen ich mal gehangen habe, sich gegen mich wenden, sich zusammenschließen und mir weh tun wollen, mich betrügen wollen und ihre Befriedigung aus meinem Leiden ziehen, wie soll ich mich da verhalten? Meine Seele schreit wegen der Ungerechtigkeit. Ich wollte doch immer nur das Beste und nun wird meine Güte, Liebe und Zuwendung als ungenügend erkannt, man zeigt mir die kalte Schulter und macht mich bei den Leuten schlecht. Absprachen werden nicht eingehalten. Man lässt mich auflaufen und lacht dann. Man lässt mich allein und freut sich gemeinsam des Lebens und der eigenen Stärke und braucht den Versager nicht mehr. Man schließt sich gegen mich zusammen und bestärkt sich gegenseitig darin, mich zu verleumden.

Ich will Widerstand leisten und die Lügen aufdecken. Aber man verachtet mich und will mir nicht zuhören. Man ignoriert meine Fragen, weicht aus und geht seiner Wege.

Ich kann nur ohnmächtig die Fäuste ballen und schreien und weinen.

Ich will nicht denen hinterherlaufen, die mich verachten.
Dann bleibe ich lieber allein.

Ich bin gar nicht allein. Ich spüre die alte Herzensgüte in mir, auch wenn ich verachtet werde. Dich, Jesus, haben Sie auch zurückgestoßen, mit den Fingern auf Dich gezeigt, Dich mit Dornen gekrönt und über Dich gelacht.
Ich will mir und Dir treu bleiben und mich nicht einreihen unter denen, die Intrigen spinnen, sondern gütig sein und bleiben und auch morgen noch Achtung vor mir selbst haben können.

Mir ist bewusst, dass Güte allein ausgenutzt werden wird. Es muss auch Klarheit geben, die die Güte verteidigt.
Ich habe immer versucht, die Klarheit in Form von Gerechtigkeit zu leben. Aber das wird verachtet.

Wenn Worte nicht reichen: Wie soll ich sonst für Klarheit sorgen? Durch Schläge, durch Krieg? Durch Liebesentzug und das Ende der Güte?

Ich will nicht das verraten, was mir heilig ist.
Dann suche ich mir lieber neue Menschen und lebe im Geist des Neuanfangs.

Ich „schüttle den Staub von meinen Füßen" und ziehe weiter.

Mut zur Verantwortung

Manchmal wäre ich gern so mutig wie Martin Luther auf dem Wormser Reichstag vor Karl V., der statt abzuschwören angeblich sagte: „Hier stehe ich, ich kann nicht anders." Da bringt jemand Mut auf und übernimmt Verantwortung für seine Position. Hinter dem Satz steht die gleiche befreiende Energie wie hinter der „Tempelreinigung", als Jesus unter viel Geschrei Tierhändler und Geldwechsler aus dem Tempel warf[3].

Dabei geht es weniger um den öffentlichen Aufstand[4] als solchen, sondern vielmehr darum, zu den Dingen zu stehen, die wirklich wichtig sind, und die der Verteidigung und der Parteinahme bedürfen. Beide, Luther wie Jesus, bewegt ein tieferes spirituelles Interesse. Es besteht immer die Gefahr, dass der Blick auf das Eigentliche durch Nebensächliches verstellt wird. Dieses Eigentliche, wonach wir Menschen uns sehnen, was wir Christen Gott nennen, wird erreicht durch den „Glauben"[5], durch die Bereitschaft, hinter die Dinge zu schauen und die göttliche Dimension darin wahrzunehmen[6]. Es geht nicht um den vordergründigen Skandal. Sondern darum, mit Mut und Entschiedenheit Verantwortung für das zu übernehmen, was wirklich wichtig ist. Es geht darum, der Sehnsucht nach dem wahren Leben zu folgen. Und aus dieser Sehnsucht nach Leben, aus dem Wunsch nach einer besseren Welt Verantwortung zu übernehmen, zu handeln, und Falsches und Unsoziales zu beenden.

Sehnsucht nach Leben, nach dem lebendigen Gott, der Wunsch nach einer besseren, sozialeren Welt treiben viele von uns Menschen heute um. Dabei könnte „Gott" wie eine Antwort klingen. Er ist aber vielleicht eher der Grund unserer Sehnsucht, der Grund unserer Fragen. Wir sollten unsere Sehnsucht nach Leben, nach einer besseren Welt nicht durch Vordergründiges verstellen oder verschütten lassen, sondern ihr Raum geben. Man könnte sagen: in allererster Linie sollte es uns darum gehen, unsere Seele leer zu halten oder zu machen, damit die Sehnsucht in ihr nicht erstickt wird[7].

Was treibt uns an in unserem tiefsten Inneren? Wir können so beginnen, dass wir uns selber trauen, unseren tiefen Sehnsüchten nicht misstrauen, sondern ihnen achtsam und geduldig lauschen. Vielleicht helfen auch Erfahrungen der Stille, sei es allein oder unter Anleitung eines Erfahreneren, der uns helfen kann, die tieferen Sehnsüchte zu unterscheiden von dem, was sie verdecken will. Es geht darum, Verantwortung zu übernehmen für uns selbst, für unsere Sehnsüchte, für unsere Träume, für unsere Hoffnung.

Es geht auch um Handeln! Niemand hat gesagt, dass Christsein Bravsein und Naivsein bedeutet. Es stellt einen in seinem Leben immer wieder vor spannende Fragen, in denen man sich entscheiden muss: folge ich dem Weg vermeintlicher Sicherheit – oder riskiere ich etwas?
Wie oft geht es uns so, dass wir einem Menschen am Rande begegnen, einem Armen, einem Obdachlosen, einem psychisch Auffälligen, einem Kranken, einem offensichtlich Beziehungsunfähigen, einem Einsamen? Wie oft spüren wir, dass hier eigentlich wir gefragt sind, dass wir es sind, die hier Verantwortung übernehmen, Kontakt herstellen, handeln können?
Dass wir uns nicht missverstehen: es geht hier nicht um Moral oder um Wohlverhalten! Es geht um die Situationen, in denen wir ja schon selber spüren, dass etwas nicht in Ordnung ist und in denen wir den Impuls ja schon haben, zu handeln. Es geht darum, den Mut aufzubringen und Verantwortung zu übernehmen für eine bessere Gesellschaft, statt über die Missstände zu klagen.

Mut kann bedeuten, aufzutreten wie Martin Luther vor dem deutschen Kaiser. Papst Johannes XXIII. hat angeblich unter Anspielung darauf mal gesagt: „Hier stehe ich, ich kann auch anders." Er war der große Papst des letzten Konzils, er stand für die Öffnung der Kirche zur Welt und für Beweglichkeit. Mut und Verantwortung sind nicht immer beinhart, sondern manchmal sehr beweglich. Die Frage ist: übernehmen wir die Verantwortung für das, was wir spüren?

Im Einzelnen das Ganze sehen

Wie kann ich lernen, im Einzelnen das Ganze zu sehen? Wenn mir das nicht gelingt, bin ich verloren. Ausgeliefert der industriellen Erweckung von immer neuen materiellen und triebhaften Wünschen in mir durch Dritte.

Ausgeliefert dem Konsum; gezwungen, Menschen und Beziehungen, die mich nicht mehr befriedigen, wegzuwerfen. Ich habe dann kein Ziel mehr in meinem Leben, weil ich verpflichtet bin, immer neu alles zu entwerten, was mich umgibt und was ich erreicht habe, und neue Horizonte zu suchen.

Dass ich diese Wünsche in mir immer wieder wecken lasse liegt daran, dass ich Angst vor Endlichkeit habe. Dass ich fürchte, dass das Ding, die Situation, der Mensch, der mir gerade begegnet, zu wenig, zu klein, zu eng, zu unbedeutend ist. An dem Einzelnen, das mir gegenüber ist, habe ich Angst zu ersticken.

Wenn es aber möglich wäre, in diesem Einzelnen das Ganze zu sehen, die Unendlichkeit zu fühlen, dann könnte ich hier und jetzt glücklich sein. Dann könnte ich die Angst vor dem eigenen Tod ertragen. Denn dann würde ich wissen und fühlen, dass nichts mich trennen kann von der Weite, nach der ich mich sehne.

Aber wie soll das gehen: im Einzelnen das Ganze zu sehen? Normalerweise bin ich dazu zu ungeduldig und husche über die Schönheit des Augenblicks, das Gezwitscher der Vögel, den wachen Blick des Sterbenden einfach hinweg, denn ich meine schon zu wissen, was da ist und warte innerlich schon auf das nächste.

Wenn ich liebe, dann fällt es mir leicht, das Einzelne anzunehmen, mein Herz zu öffnen und nicht das Nächste zu suchen. Wenn ich liebe, dann ist das Tor zur Unendlichkeit weit offen.

Dass ich lieben kann ist das größte Geschenk meines Lebens. So bin ich mit der Unendlichkeit verbunden, ohne dass ich es irgendwie verdient oder selber herbeigeführt hätte. Die Sehnsucht in meinem Herzen ist dann gestillt und ich bin geduldig, die Dinge anzunehmen, wie sie sind. Das Getriebensein ist gelöscht und ich muss nicht immer weiter.

Manchmal hilft mir die Erinnerung an solche erfüllten Momente, das Hier und Jetzt anzunehmen, auch wenn es so endlich erscheint, und geduldig zu sein.

Manchmal gelingt es mir, im knorrigen Holz die Schönheit zu erkennen.

Bald kommt die große Katastrophe

Mir fällt auf, wie oft ich aus Situationen fliehen will, die mir lästig sind oder die ich nicht ertrage. Und mir fällt auf, dass das jeder so macht. Es wird nicht gewartet, sondern sofort das Handy gezückt und gedanklich woanders hingegangen. So oft es geht und viel zu oft, wird woanders hingefahren, eingekauft, Filme geschaut, in Zeitschriften geblättert, getrunken und gegessen, um sich selber, den Augenblick, das Hier und Jetzt nicht spüren zu müssen.

Eine besonders starke Form des Weglaufens bei mir selber ist, dass ich mir ausmale, welche großen Katastrophen mich, meine Familie, unser Land, die Menschheit ereilen werden. Angefangen von Arbeitslosigkeit und schweren Krankheiten, Unfällen, Gewaltverbrechen, über neue Diktaturen und alte Grausamkeiten, Hungersnöte, Seuchen, Selbstzerstörung, Völkerwanderungen, Kriege, Atomschläge bis hin zum großen Untergang.
Wenn ich die Politik verfolge habe ich den Eindruck, dass viele Menschen ähnliche Katastrophenängste haben. Damit kann man offenbar viele Wählerstimmen bekommen und wo die einen Ängste geschürt werden, entstehen schnell noch viele weitere.

Die Apokalypsen der Antike, auch in der Bibel, zeigen, dass die Angst vor der großen Katastrophe nicht erst heute da ist, sondern schon immer da war. Schon immer stellte sich die Frage, ob deswegen ganze Völker in Panik geraten und andere massenhaft bekämpfen und umbringen mussten, oder ob es möglich war, ein Grundvertrauen in eine gute Schöpfung und einen guten Gott zu gewinnen und die Angst vor der Katastrophe und das Agieren dagegen als das stehen zu lassen, was es ist: ein ständiges Weglaufen vor dem Hier und Jetzt. Wohin das Hier und Jetzt führt, ist völlig offen. Ich weiß gar nicht, ob es zur großen Katastrophe führt. Das male ich mir nur in düsteren Farben aus und entferne mich dadurch vom Augenblick und von meiner eigenen Verantwortung, zu handeln. Wenn ich mich nicht durch Ängste verblenden lasse, dann bin ich handlungsfähig und vielleicht kann ich den entscheidenden Beitrag dazu leisten, dass etwas nicht zur Katastrophe, sondern zum Segen für viele wird.

Was ist zu tun? Nicht weglaufen aus dem Augenblick, sondern ganz genau wahrnehmen, was jetzt ist. Was ist es, was mich aus dem Augenblick vertreiben will? Warum will ich etwas Bestimmtes (was?) nicht aushalten? Worin genau besteht der Schmerz? Wenn ich das anschauen kann, dann wird es leichter, dann kann ich ruhiger atmen und mein Kopf wird wieder klarer. Dann kann ich leichter handeln.

Wo ist Gott, wenn mich starke Gefühle aus dem Hier und Jetzt vertreiben wollen, hinein in die Genüsse, die Ängste oder die Panik?
Er ist die leise Stimme, die mich gemahnt, innezuhalten und erst einmal in Ruhe zu schauen. Er ist die Kraft des Lebens, die mich erfüllt, die zu Angst oder zu Ruhe oder zu Segen für andere werden will. Er ist der Heilige Geist, der mich auf den konstruktiven Weg bringen will.

Ziegel anhäufen

Wie lange soll ich Ziegel häufen auf das Meer,
überdrüssig bin ich der Götzen und der Tempel.
Chaijam, wer sagte, dass es eine Hölle gibt?
Wer stieg zur Hölle, wer kam wieder aus dem Paradies?

Als wir Kinder waren, gingen wir zum Meister eine Zeit lang,
eine Zeit lang waren wir betört von eigener Meisterschaft;
höre das Ende der Geschichte, die uns widerfuhr:
wie Wasser strömten wir und verschmolzen mit dem Wind.

Diese handgeschriebenen Zeilen hat mir vor Jahren, als ich noch ein junger Mann war, ein alter katholischer Priester und Zen-Meister, aus einem Anlass, an den ich mich nicht erinnere, geschickt. Ich habe sie nie ganz verstanden und ich weiß nicht sicher, von wem sie ursprünglich stammen[8].

Wenn ich Dingen oder Menschen nachjage, die mir wichtig scheinen, oder wenn ich meine, etwas tun zu müssen, sei es aus Pflicht, sei es aus schlechtem Gewissen, oder weil ich mir davon Besitz oder Macht oder Befriedigung erhoffe, dann bete ich Götzen an und häufe Ziegel auf das Meer.

Das wusste ich immer

Die Ängste der Kindheit vor der Hölle, vor dem völligen Verlorensein, sind sehr stark in mir und ich bin oft sehr getrieben davon, das Wichtigste zu verpassen. Ich weiß, dass ich damit genau die Hölle finde, wenn ich ständig von mir weg will und ständig denke, dass woanders etwas zu bekommen ist, was ich nicht habe.

Ich ahnte immer, dass da mehr ist und etwas anderes als das, was ich sehe und was mich treibt. In meinem Innersten berührt bin ich, wenn ich, aus welchem echten Grund oder nichtigen Anlass auch immer, ich sein darf, wie ich bin.

Es kommt auch vor, dass ich Frieden finde, wenn ich jemanden spüren lassen darf, dass er einfach sein darf.

Aber fast nie bin ich frei vom Zwang des Tuns.

Würde ich meine Augen weiter öffnen, so dürfte ich einfach sein und alles Wesentliche wirkte sich selbst und ich wäre eins mit ihm und wäre sein reines Wirken und frei in der Annahme dessen.

Teresa von Avila schreibt

„Seid euch bewusst: in eurem Innern befindet sich ein überaus kostbarer Palast, ganz aus Gold und Edelsteinen gefügt, wie es eines solchen Herrn würdig ist. Und ihr seid es, die zur Kostbarkeit dieses Gebäudes viel beizutragen vermögt – wie es sich ja auch in Wahrheit verhält. (Gibt es doch kein Bauwerk von solcher Schönheit wie eine lautere, tugendreiche Seele; und je größer die Tugenden sind, umso heller erstrahlen die Steine.) Und in diesem Palast weilt der große König, dem es wohlgefiel, euer Vater zu sein, auf einem Thron von höchstem Wert, dem Thron eures Herzens.

Anfangs mag es unziemlich erscheinen, mit solcher Erdichtung Verständnis zu erwecken, und doch mag diese sehr förderlich sein. All dies ist nötig für die wahre Einsicht, dass es in uns selber etwas unvergleichlich Köstlicheres gibt, als das, was wir außerhalb sehen. Wir müssen uns in unserem Innern nicht hohl vorstellen, das ist sehr wichtig. Sicherlich, würden wir aufmerken auf solchen Gast im Innern, dann würden wir uns nicht so an die Eitelkeiten der Welt hingeben, denn wir sähen ihre Niedrigkeit im Vergleich zu jenem innersten Besitz. Was tut ein reißendes Tier anderes, als seinen Hunger an der Beute stillen, die seine Gier erweckte? Wir müssen uns doch von jenem unterscheiden, da wir bereits einen solchen Vater besitzen.

Vielleicht lacht ihr mich aus und erklärt all dies für wahr, und ihr mögt recht haben. Allein für mich war es eine Zeitlang dunkel. Wohl verstand ich, dass ich eine Seele habe; doch was diese Seele wert sei und wer in ihr weile – verblendet von den Torheiten des Lebens, wie ich war, verstand ich das nicht. Mir scheint, hätte ich damals so klar wie jetzt begriffen, dass in dem kleinen Palast meiner Seele ein so großer König Platz findet, ich hätte ihn nicht so oft allein gelassen, ich hätte hin und wieder mich ihm gewidmet und Sorge getragen, dass diese Wohnstatt nicht so schmutzig wäre. Es ist zum Erstaunen: er, dessen Größe tausend Welten ausfüllen könnte, schließt sich in etwas so Winzigem ein. So wollte er in den Schoß der heiligsten Mutter eingehen. Ihm als Herrn eignet Freiheit, und da er uns liebt, fügt er sich in unser Maß. Wenn eine Seele sich noch am Anfang befindet, will er sie nicht dadurch verwirren, dass sie in ihrer Winzigkeit etwas so Gewaltiges gewahrt; und er gibt sich ihr nicht eher zu erkennen, als bis er sie nach und nach geweitet hat, so weit, wie es den ihr zugedachten Gnaden entspricht …

Entscheidend ist, dass wir uns ihm mit aller Entschlossenheit zu eigen geben und ihm nichts in den Weg stellen, damit er wie in seinem Eigentum hinzufügen und wegnehmen kann. Das ist seine Bedingung und der Höchste kann verlangen, dass wir sie annehmen. Auch hier in unserem Hause wird uns ein Gast lästig, den wir nicht verabschieden können. Und da er unsern Willen nicht beugen mag, nimmt er das, was ihm gegeben wird. Doch er gibt sich selber nicht ganz, solange wir selber uns ihm nicht ganz hingegeben haben; auch wirkt er nicht so in der Seele, wie er es in einer ganz ihm erschlossenen tut … Er ist ein Freund voller Übereinstimmung: ist dieser Palast angefüllt mit Gesindel und mit Plunder, wie kann er mit seinem Hofstaat dort noch Platz finden? Es ist schon viel, wenn er nur eine kurze Zeit in solcher Beengung verweilt"[9].

Gott suchen lohnt sich

Beim Lesen der Schriften der großen Teresa fasst mich immer das Gefühl, nicht zu genügen. Ihre Hingabe an Gott und ihre Entschlossenheit werde ich nie erreichen können.

Aber ihre Aufzeichnungen sind auch sehr Mut machend. Sie zeigt, dass es sich lohnt, für die Geheimnisse Gottes in der eigenen Seele offen zu sein und sich auf ihn einzulassen. Sie schreibt klar, dass des Menschen Inneres nicht hohl, sondern die Wohnstatt Gottes ist. Es lohnt sich, das eigene Leben der Gottsuche zu widmen. Autoren und Menschen wie Teresa können einen lehren, dem leisen Rufen Gottes in der eigenen Seele zu trauen und sich darauf einzulassen.

Sicherlich haben mich immer auch negative Motive zu Entscheidungen bewegt, wie Neid (werden zu wollen wie jemand anders) oder wie Faulheit (bestimmten Anforderungen aus dem Weg gehen). Ich könnte lange darin fortfahren, mich selber deswegen innerlich zu beschimpfen, zu beleidigen und das Gefühl zu pflegen, dass ich nicht genüge.

Aber das wäre nicht fair gegenüber dem guten Kampf, den wir auch immer kämpfen, und all den Anstrengungen, die wir auf uns nehmen. Noch leben wir ja und es ist nicht zu spät, all unsere Kraft in die Gottsuche zu investieren. Haben wir das nicht immer getan? Auch wenn der Weg in die Wüste, in die Slums oder ins Kloster sich in unserem Leben nicht gezeigt hat: können wir nicht im Nachhinein so viele Spuren Gottes in unserem Leben sehen, so viel ernsthaftes Ringen um die Wahrheit mit aller uns zur Verfügung stehenden Kraft (die sich aber immer an den erhabenen Orten, in den virtuosen Momenten und „auf Bestellung" nicht zeigen wollte)?

Wie oft zeigen sich in unserem Leben Verführungen, die sich unter vermeintlich klugen Ratschlägen verstecken? Gestern habe ich ein Video darüber gesehen, wie man Millionär werden kann. An erster Stelle steht die radikale Willensentscheidung, alles diesem Ziel unterzuordnen.

Wenn man das Video bis zum Ende ansieht, dann zeigt sich, dass den meisten Menschen zu diesem Ziel einfach die Entschlossenheit fehlt. Nun: ich wollte wirklich nie Millionär werden. Ich glaube auch, dass das Glück, was Menschen erleben, wenn sie ihre Million gemacht haben, sehr vergänglich und hohl ist. Und die Entschlossenheit, die man in die erste Million investieren könnte, sollte man vielleicht besser in die Suche nach dem wirklichen Sinn des eigenen Lebens investieren.

Was mich an diesem Video mehr beschäftigt ist die Kraft des Sprechers, die sich auf den Zuschauer überträgt, dass eigentlich alle anderen dumm sind, die nicht versuchen, Millionär zu werden. Dass es im Leben überhaupt (und nach Überzeugung vieler großer Religionen sowieso) um etwas anderes gehen könnte, das taucht als gedankliche Möglichkeit überhaupt nicht auf.

Und bei so vielen Botschaften in der Werbung, in Zeitschriften, bei eigentlich allen Nachrichten, die wir den ganzen Tag hören oder sehen, wird stets der Eindruck erweckt, dass der Mensch mit Geld, Macht und Sex genug hat.

Ist das nicht die große, hohle Verführung schlechthin?

Darum sind Autoren wie Teresa so gut und so wichtig: sie schreiben in aller Klarheit, dass es im Leben um etwas anderes geht, nämlich um die Suche Gottes und das Finden Gottes.

Es geht also bei der Selbstdisziplin und dem Fasten weniger um das Senken des eigenen Konsums und die Überwindung materieller Abhängigkeiten.

Und wenn ich mir den Alkohol, die Süßigkeiten oder das Fernsehen nur verbiete, um mir selber sagen zu können, dass ich den Verzicht durchgezogen habe, dann ist das wieder negativ, weil ich nur meinen Stolz bediene.

Und es geht überhaupt nicht darum, sich zu quälen, weil man damit vermeintlich Gott näher kommt.

Wir leben in einer anderen Zeit als Teresa und all die anderen Heiligen. Unsere Herausforderungen heute sind die, die wir annehmen müssen. Es besteht kein Grund, etwas anderes sein zu wollen, als wir sind. Damit würden wir nur uns selbst und den guten Gaben Gottes davonlaufen. Es ist auch vollkommen legitim, das Leben zu genießen, wie es sich zeigt. Aber wir sollten unser Herz und unsere Seele und unseren Verstand klar und eindeutig auf das eigentliche Ziel unseres menschlichen Lebens ausrichten: es geht darum, Gott zu suchen und das Leben so auszurichten, dass es der Suche Gottes und den Mitmenschen möglichst dient.

Wenn wir die Spuren Gottes in unserem Leben nicht ständig mit anderem zuschütten, sondern wachsam sind für seine Gegenwart in unserer Seele und unserem Leben, dann werden wir immer wieder Fingerzeige von ihm wahrnehmen.

Es wird sich möglicherweise als wahr erweisen, was Teresa schreibt: dass Gott uns nie verlassen hatte und immer in der Mitte unserer Seele war und auf uns wartete.

Das Leben schätzen

Bei all der Faszination von der Radikalität der Teresa darf man nicht übersehen: sie ist eine sehr freiheitsliebende Frau gewesen und ist ihren Weg unter den Bedingungen ihrer Zeit gegangen. So hat sie die Gelübde einer Ordensfrau abgelegt und damit einen Teil aus dem Leben geschnitten. Sie hat ausweislich ihrer Schriften sehr darunter gelitten, dass ihr das fehlt, und sie hat sich nach einem Mann gesehnt. Immer wieder hat sie alle Dinge, an die sie ihr Herz gehängt hat, als Drang nach Besitz abgelehnt.

Ist die Suche nach Gott nur so möglich? Ist unser Gott etwas anderes als das Leben und muss er außerhalb gesucht werden? Muss alles Weltliche in uns und dann in der Konsequenz auch die Welt selbst unterdrückt und ausgenutzt werden, weil das Eigentliche ja etwas anderes ist?

Gott ist doch selbst in diese Welt gegangen und ist zu unserem Bruder geworden. In seiner Schöpfung ist er uns nahe.
Der gesunde und zielführende Weg müsste sein, das Leben in seiner Vielfalt zu schätzen und nicht, es abzuwerten; im Leben, darin, müsste sich das Wesentliche finden.

Und wenn es sich nicht findet, dann ist es eben nicht das Wesentliche. Glück und Wahrheit sind nicht absolut und jedenfalls für uns Menschen nicht endlos. Kaum gewonnen, zerrinnen sie zwischen den Fingern. Das gilt für die Momente der Einsseins mit Gott und für alle Erfahrung der Unendlichkeit genauso. Es muss immer neu gesucht werden. Aber im Leben und nicht dagegen.

Alle Absolutheitsansprüche und alles Statische sind lebensfern. Jesus war lebendig und ein Katalysator für die Menschen, das Heilige in sich und in ihrem Leben wahrzunehmen.

Die Frage „willst du gesund werden?" richtet er auch an mich. Auch die Aufforderung: „dann steh auf, nimm deine Bahre und geh!" Wie lang will ich das Leben noch fruchtlos außerhalb des Lebens suchen?

Die alten Bücher von Teresa, Ignatius und den anderen sind gut. Aber das Leben ist hier und jetzt und ich will ihm die Achtung und Liebe entgegenbringen, die es verdient. Es gibt kein generell Böses oder Gutes! Und was ich wahrnehme, das nehme ich wahr. Es gibt keine falsche Wahrnehmung, nur Wahrnehmung. Manchmal ist der Blick eben weniger scharf und das ist gut so. In der Schärfe liegt manchmal auch zu viel Schärfe. Die Liebe und die Wunder werden dann vielleicht zerstört.

„Nichts soll dich ängstigen" oder in Panik bringen. Deine Kreise sind ohnehin klein. Nimm sie wahr und nimm sie an und steh dazu, dass das was ist, gottgegeben ist.

Verzweiflung

Heute bin ich am Verzweifeln. Dass meine Kinder sich nicht so entwickeln, wie ich es für richtig halte und offensichtlich ich dafür verantwortlich bin. Dass meine Eltern nichts begreifen und ich ihnen nichts erklären kann, von dem, was mir wichtig ist. Dass jemand einen Satz sagt, der mir zuwider ist und der mich dennoch wochenlang beschäftigt, bevor ich ihn einordnen und wieder meinen Frieden mit ihnen und mir machen kann. Dass ich meiner Frau ein schlechter Mann bin, zu ungeduldig, zu unleidlich, zu müde und zu desinteressiert. Dass ich nicht die Motivation und Begeisterung und also auch nicht Strahlkraft aufbringe wie andere. Dass ich Mittelmaß bin, gelangweilt, müde und leer. Dass ich das Lachen anderer nur widerwillig erwidern kann, weil mir nicht zum Lachen zumute ist und ich mich nicht sympathisch finde, sondern widerwärtig und übellaunig. Dass mir mein Leben verpfuscht, meine Lebenskraft ungünstig investiert und meine Erfolge hohl scheinen. Weil mir mein Glaube eine Kopfgeburt, meine Zuversicht trügerisch und meine Liebe kümmerlich und in der Öde verloren scheinen. Mir fällt noch viel mehr ein.

Ich weiß, dass ich mich mit diesen Gedanken nur um mich drehe. Es passiert trotzdem immer wieder. Nach einiger Zeit geht es vorüber und ich kann mich wieder anderen öffnen und Menschen dienen.

Wenn ich verzweifelt bin, ist es keine gute Idee, schwierige und weitreichende Entscheidungen zu treffen. Ich spüre dann nur, dass es nicht gut wäre, jetzt etwas zu entscheiden, aber ich kann nicht sehen, was ich besser täte oder was besser für mich wäre. Deswegen ist es gut, sich dann Zeit zu lassen und mit Entscheidungen zu warten, bis man wieder Trost verspürt.

Wozu die Zeiten der Verzweiflung gut sind, weiß ich nicht. Die Verzweiflung scheint mir dann nicht sinnlos, mein Leben aber schon.

Vielleicht ist es nötig, von Zeit zu Zeit mit all seinem Wollen und Können nur seine Nichtigkeit zu erfahren.

Glaube an das Gute im Menschen

Als ich ihn das erste Mal traf, fing er gleich nach dem Vorstellen an, von seinem Lieblingsprojekt zu erzählen. Wir saßen in einem dunklen Kellerraum, voll mit ausrangierten Büchern, einer nicht ganz sauberen Tischplatte, einem leicht schmuddeligen Keller-Waschbecken und ich hatte Hunger. Das sagte ich ihm. Er ging in die Küche und kam mit einem ziemlich künstlich schmeckenden Schokopudding wieder, den ich dann aß, während er seinen Gesprächsfaden wieder aufnahm. Ich habe zu wenig von dem verstanden, was er da erzählte.

Wir haben sehr viel Zeit miteinander verbracht, in Besprechungen, bei langen Autofahrten, beim Bierausschenken und beim Grillen, an kalten Infoständen, zu frühen Morgen- und späten Abendstunden. Wir haben sehr viel geredet, über Berufliches und Privates.
In zwölf Jahren sind wir uns nähergekommen, ohne dass ich heute sagen würde, dass ich ihn wirklich kenne. Ich weiß, was ihm wichtig ist und was er mit letzter Energie verfolgt:
Die in seiner Würde wurzelnde Selbstbestimmungsfähigkeit jedes Menschen, egal, wie sehr er in der Gesellschaft ausgegrenzt sein mag. Diese Selbstbestimmung kann nur in einem Klima von Freiheit und Aufrichtigkeit gedeihen. Sonst wird zwar von Selbstbestimmung geredet, aber diese wird im geltenden System erstickt.

Ich weiß nicht, warum ihm das so wichtig ist.
Dahinter steckt eine gewaltige Kraft. Es bedeutet ein ganz anderes Arbeiten mit jedem einzelnen Kollegen, einen ganz anderen Umgang mit jedem Menschen, der unbedingt ernst zu nehmen ist. Es bedeutet ein oft sehr mühsames Suchen nach der Wahrheit. Hinter der Idee, dass sich in einem Klima der Freiheit Neues entwickelt, muss die Geduld stehen, die Dinge ganz genau zu hinterfragen, bis das Neue sich zeigt, das sich dann oft nicht groß und spektakulär, sondern in sehr kleinen Schritten erschließt.

Standesdünkel ist diesem Denken im Ansatz völlig fremd und jeder erhält die gleiche Aufmerksamkeit, oder sollte sie erhalten. Dennoch habe ich bei ihm über die Jahre beobachtet, dass ihm die Bewertung durch Personen mit Rang und Namen sehr viel bedeutet. Und das sind nicht immer Personen gewesen, die zur Sache wirklich etwas zu sagen hatten. Es bedeutet ihm aber dennoch sehr viel. Warum? Weil er sich mit seinem Lebenswerk gesehen fühlen will?

Ich meine, verstanden zu haben, was er will. Aber ich verstehe das Warum nicht.
In meinen oft komplizierten Gedanken erdet er mich und hilft mir, konkret zu sein. Dafür bin ich ihm sehr dankbar. Manchmal erscheint er mir aber verzweifelt. Nicht, weil seine Gedanken nicht richtig wären, sondern weil ihm Hoffnung und Berührung an dem Punkt fehlen, der ihm der Wichtigste in seinem Leben ist, wo es ihm um die Ehre und den persönlichen Glauben geht. Ich kann ihm das nicht in dem Maße geben, wie er sich danach sehnt und ich bedaure das. Ich bin froh, dass es ihn gibt, aber ich kann ihm das nicht ganz zurückgeben, was er mir bedeutet.

Die Liebe Gottes zur Welt

Er hat mir so unendlich viel geholfen, dass ich es kaum alles auflisten kann. Zum richtigen Zeitpunkt war er immer da, manchmal sah es aus wie ein Zufall, aber daran glaube ich nicht mehr. Er muss so etwas wie ein Engel sein.

Er ersetzt mir den fernen Bruder meiner Kindheit und ich kann mit ihm über einfach alles reden. Das ist ein unendlich großes Geschenk des Lebens, so jemanden zu haben. Einen Freund.

Wir haben auch immer wieder über unseren Glauben geredet. Er ist mir dabei Spiegelbild und zugleich auch Fragender, ein Wegbegleiter auf dem Lebensweg.
Die Radikalität, mit der er zuweilen die Institution kritisiert, erschreckt mich manchmal, erschüttert mich aber auch in meinen Selbstverständlichkeiten und meinem Sicherheitsdenken. Seine ehrliche Suche und seine Kraft, menschliche Machtstrukturen und Gewohnheiten zu durchschauen, sind einmalig. Er tut es nicht um des Zerstörens willen, sondern aus einer mir unermesslich groß scheinenden Wertschätzung für das Leben, gerade für das Kleine, „Wertlose", Verkrüppelte, Liegengelassene. Es rührt mich zu Tränen, wie er zu Tieren ist, zu Menschen in ihrer Verzweiflung, zu liegengelassenen Wurzeln oder Steinen und zu kleinen Kindern.

Die Liebe Gottes zu dieser Welt zeigt sich in diesen kleinen Gesten und dem glucksenden Lachen des Kindes, das ihm die Zuneigung erwidert.

Was können wir Menschen mehr tun, als diese Liebe Gottes in die dunklen Winkel zu tragen und dem Lachen des Lebens zu dienen?

Archaische Freiheit

Er lebt mir die Güte vor. Es ist nicht nötig, Angst vor etwas zu haben. Was auch immer auftaucht, kann man einfach annehmen und stehen lassen. Das gilt für alles: für die dunklen Gefühle, die aus der Seele aufsteigen, für das Unbewusste in mir und in anderen, für das unheimliche Rascheln in der Nacht und die bösen Geister. All das ist das Leben, wie es sich zeigt. Ich bin immer in einem ganz archaischen Sinn frei, mich gegen die Dinge zu wehren und mich im Kampf dagegen selbst zu zerreiben, oder sie anzunehmen und so sein zu lassen, wie sie sind. Ich bin frei, Ungewöhnliches einfach geschehen zu lassen und dabei zu bleiben. Im besten Fall kann ich meine innere Güte aufrechterhalten und verschenken. Das macht gelassener und letztlich liebevoll. Jeder Mensch ist ein einzigartiges, gottgeschöpftes Subjekt und wert, um seiner selbst willen vorbehaltlos angenommen, gewürdigt und geliebt zu werden.

Wir können uns entwickeln, wenn wir uns annehmen wie wir sind. Er nimmt mich an, wie ich bin.

Ich bringe ihn in Verbindung mit alten Steinen in alten armen Kirchen und mit Holzkreuzen aus Ästen. Auch mit der sengenden Sonne, dem darin knisternden Gehölz und der Hitze auf den rohen Steinen. Er liebt das Glas Wein auf der Terrasse im Schatten, wenn die Grillen ihr Lied singen. Die Kargheit seiner Ursprünge ist für mich ein Grund, ihn sehr zu achten und zu lieben.

Seine Religiosität ist einfach. Er dankt Gott für all das, was er ihm geschenkt hat und für alles, wovor er ihn verschont hat. Das Böse ist in der Welt und will uns um unsere Würde und Freiheit betrügen. Wir müssen achtsam sein. Was uns rettet ist die Liebe und das Gebet. Ein einfaches und dennoch sehr liebe- und kraftvolles Gebet mitten aus dem Leben.

Wir sind beide voller Achtung für den Mann im Vatikan, der zu den Menschen auf der Straße geht und in einfachen Worten spricht, der den Armen zuhört und für uns betet und uns bittet, nicht zu vergessen, auch für ihn zu beten.

Geliebt werden

Sie hat mich immer angenommen wie ich bin und immer das Gute in mir gesehen. Wenn sie nicht wäre, wäre ich ein schlechterer Mensch. Weil sie das Gute in mir sehen kann, kann ich es auch sehen und darum kämpfen, dass es leben kann und daraus ergibt sich mein Leben. Ich wusste vorher nicht, wer ich bin und wofür ich stehe. Nun kann ich klar unterscheiden zwischen dem, was mich quälen und unfrei machen will und dem eigenen Leben, zu dem ich stehen muss, damit es Form findet und sich entfalten kann.

MOMENTE VOLL LICHT

Der Geist Gottes

In der Zeit, wo ich gefirmt wurde, hatte ich viele Probleme, die Jugendliche in diesem Alter wohl haben. Es gab ein Mädchen in der Parallelklasse, in das ich heimlich verliebt war. Ich wusste mir damit aber überhaupt nicht zu helfen und habe das nur in mir im Stillen hin und her bewegt. Einmal stand ich gesondert von anderen Jungs aus meiner Klasse an der Bushaltestelle, da kam sie auf mich zu und wollte mir einen Kuss geben. Wohl, um die anderen zum Lachen über mich zu bringen. Das wollte ich dann nicht und habe sie mehrfach von mir weggestoßen, bis sie von mir abließ. Ich habe später oft unter mir gelitten, weil ich mich so verhalten habe, aber neben dem Wunsch, sie zu küssen war eben auch die Selbstachtung da, mich nicht zum Gespött der anderen machen zu wollen. Und trotzdem war und bin ich nicht stolz auf mich, sondern habe mich deswegen auch immer über mich geärgert.

Was mich damals auch sehr bewegt hat war die Frage nach der richtigen Berufswahl, die mich nicht nur damals, sondern noch jahrzehntelang beschäftigt hat, teils in fast krankhaften Ausmaßen, denn so wichtig ist diese Frage auch wieder nicht und so wichtig bin auch ich nicht. Ich hatte noch nicht verstanden, und es hatte mir auch niemand gesagt, dass diese Frage nicht zu lösen ist, indem man den richtigen Beruf ergreift, sondern indem man dem folgt, was sich zeigt, und dann in seinem Beruf ein möglichst guter Mensch ist. Am Ende ist es sicher völlig egal, ob ich mein Geld mit dem Setzen von Spritzen, dem Anstellen von Personal, dem Bauen von Brücken oder Schreiben von Drehbüchern oder dem Moderieren von Gruppen verdiene. Entscheidend ist wohl eher, ob ich in Barmherzigkeit und Menschenfreundlichkeit oder in Narzissmus und Hochmut handle.

Ein großes Problem stellte für mich auch zunehmend die Ablösung vom Elternhaus dar, denn es ging mir dort so gut, dass ich es bis da gar nicht nötig gehabt hatte, mir woanders gute Freunde zu suchen oder irgendwelche Aktivitäten so engagiert zu betreiben, dass sich darin eine eigene Welt aufgebaut hätte. So fehlte mir damals spürbar jede Ahnung, wo oder wie ich mein eigenes Leben hätte beginnen können.

Die Firmung hatte ich in der Vorbereitung und bei der Spendung des Sakraments selbst in sehr großer Aufmerksamkeit begangen und auch eine gewisse Wahrnehmung des Wirkens des Heiligen Geistes entwickelt, der mir Kraft für mein Leben gibt. Mir war bewusst, dass er das Feuer ist, das unsere Nacht erhellt. Dennoch konnte das Sakrament damals nicht auf einen Schlag mein ganzes Leben umkrempeln. Kraft entfaltet hat es dennoch; und im Nachhinein will mir scheinen, dass es genau das ausreichende Maß an Kraft war, das ich nötig hatte, um eben doch auf die eigenen Füße zu kommen.

Es gab dann in die Folge immer wieder neue Momente im Leben, in denen ich mich den beschriebenen Fragen in je neuer Weise gegenüber sah: wie lebe ich mit einer Frau zusammen? Wie leiste ich meinen Beitrag in der Welt? Wie entfaltet sich das in mir von Gott angelegte Selbst? Weil ich einmal vor diese Fragen gestellt war und weil einmal die Ahnung der feurigen Kraft des Heiligen Geistes dagewesen war, konnte sie sich wieder und wieder entfalten und dabei zunehmen. So habe ich – wie mir heute scheinen will – von Mal zu Mal mehr die richtigen Antworten finden und stärker werden können.

Aber das ließ sich nicht alles auf einmal lernen, sondern zeigte sich langsam. Immer neu musste ich und muss ich mich noch immer ähnlichen Fragen stellen, die mich quälen und in mir das Gefühl bestärken, unfähig und ohnmächtig zu sein und nichts ändern zu können. Wie oft habe ich mich deswegen verachtet! Aber immer wieder auch gab es Augenblicke, in denen ich spüren durfte, dass ich gehalten bin, dass das Feuer des Heiligen Geistes auch mein Leben und mich erfüllt und mir die Kraft gibt, auf meine ganz eigene Weise im Leben das auszudrücken, was Gott mir aufgetragen hat zu sein.

Es ist nicht leicht, in einer langen Beziehung man selber zu bleiben, sich ausreichend unterzuordnen, aber sich nicht dauerhaft zu verbiegen. Manchmal muss man ja sagen zu Dingen, die einem nicht gefallen. Das sollte man nicht zu oft tun. Manchmal muss man nein sagen zu Dingen, die man nicht mittragen kann. Das sollte man auch nicht zu oft tun. Zwischendurch stellt sich die Frage: bin ich noch ich? Warum bin ich überhaupt in dieser Beziehung? Die Antwort kommt dann vielleicht nicht sofort. Es ist nicht alles immer nur leicht und immer nur ein Zuckerschlecken. Schaue ich dann nur auf das, was mir vermeintlich fehlt oder was ich gern hätte, schaue ich also mit anderen Worten nur auf mich selbst, so wird das Ergebnis vielleicht negativ ausfallen. Es ist gut, wenn ich dann warte und an der vermeintlich so einfachen Antwort zweifle. Auch wenn ich in diesem Moment auch nicht weiß, wie ich mich verhalten soll. Aber nach dem Moment der Ohnmacht kommt vielleicht doch eine Erfahrung von Stärke, die mir geschenkt wird wenn ich merke, dass es nicht um mich geht, sondern um den anderen, nicht darum, was ich bekomme, sondern darum, wer ich bin. Will ich ein guter Mensch sein? Einer, auf den man sich verlassen und dem man vertrauen kann? Wenn ich mich darauf einlassen kann, dann entsteht ein ganz anderer Weg als der der ständigen Suche nach neuer Befriedigung. Ein Weg, dessen Ende ich jetzt auch nicht absehen kann, aber der der meine ist und nicht der Weg des immer unzufriedenen Ego. Wenn ich mich darauf einlassen kann, dann spüre ich, dass mir die Kraft dazu gegeben wird, diesen Weg zu gehen, auch wenn mir selber aus mir heraus die Kraft dazu fehlt. Das nenne ich eine Erfahrung des Heiligen Geistes.

Oft frage ich mich, worin meine Aufgabe in der Welt besteht. Ich will nicht nur ein Rädchen im großen System des Marktes sein, der die Welt ausbeutet und zerstört. Es macht mich krank, das Gefühl zu haben, dass ich mit jedem Handgriff nur weiter zur Zerstörung des Guten und Natürlichen in dieser Welt beitrage. So oft schon habe ich versucht, durch radikale Richtungsänderungen, durch Konsumverzicht, durch politisches Engagement und durch Streitgespräche dazu beizutragen, dass sich etwas ändert in dieser Welt. Wieviel von diesem Engagement hat etwas Positives bewirkt? Wieviel war völlig fruchtlos oder förderte nur wieder den großen Kraken Markt? Wieviel geschah nur aus dem Bedürfnis, als herausragender Geist wahrgenommen zu werden und Anerkennung zu bekommen? Dann kamen und kommen die Momente, wo das alles sinnlos erscheint, weil man sich aus dem System, in dem man geboren wurde und lebt, doch nicht befreien kann. Wo man die Flinte ins Korn schmeißen und aufgeben möchte. Aber das ist auf die Dauer keine Möglichkeit für mich, zu leben und ich selbst zu bleiben.

Schaue ich genauer hin, so lebt doch tief in mir das Feuer, das die Nacht erhellt, und treibt mich, nicht aufzugeben, sondern weiter zu handeln und meinen Beitrag zu geben, wo es nur geht. Ein Feuer, das Kraft und Begeisterung gibt und ein Leuchten in mein Leben bringt, auch in den Momenten der Ruhe, die ich brauche, um mich zu erholen oder mit Gleichgesinnten zu reden. Da merke ich das Feuer des Heiligen Geistes.

Sehr oft habe ich darunter gelitten und tue es noch, fremdbestimmt zu sein. Wohl jeder kennt das. Es ist ja nicht nur die Abhängigkeit im Elternhaus und der Schule und das Gefühl, dass man nie wirklich auf die eigenen Beine kommen kann. Das geht dann immer so weiter mit dem Leiden unter dem Freundeskreis, der einem Heimat ist, einen aber auch bindet und festhält und einengt. Dann findet man neue Freunde und macht dieselbe Erfahrung wieder. So geht es im Beruf, wenn man sich nicht so entfalten kann, wie man sich das mal vorgestellt hatte und stattdessen Bescheidenheit und Unterordnung lernen soll. Das ist schwer; und loyal ist das dennoch nicht. Manchmal könnte man platzen in all den Zwängen und hat vielleicht den Wunsch, alles über den Haufen zu schmeißen und wegzulaufen. Das man dennoch bleibt, fühlt sich wieder wie Versagen an. Wenn man die eine oder andere Alternative ausprobiert hat und dennoch wieder vor den gleichen Fragen steht, kommt wieder Verzweiflung auf, weil man merkt, dass man nichts ausrichten kann. Wohl auch in solchen Fragen ist Verzweiflung nötig. Wer nicht verzweifelt, der ist immer noch selbst am Machen, der lebt immer noch sein Ego aus.

Hinter der Verzweiflung ist aber nicht die ewige Nacht, sondern eine frische Brise. Da weht der Heilige Geist und hilft, in Geduld und Gelassenheit einfach das Naheliegende und Nächste zu tun. Bei näherem Hinsehen kann man dann beobachten, dass man trotz der Verzweiflung und trotz des erfolglosen Aufbegehrens man selbst geblieben ist und dass das ein oder andere Gute durch einen selbst geschieht, wenn man sich dem nicht versperrt. Wenn man so will: da ist Gottes Geist am Wirken, durch mich und Dich hindurch.

Kann man Gott begegnen?

Eine der Kernaussagen des Christentums: das Göttliche ist in der Welt zu finden. Gott kam in die Welt und wurde eins mit ihr, er lebte und starb wie wir. Noch im Leiden, den Schmerzen und dem Tod ist Gott zu finden.

Aber wo und wie genau können wir ihm begegnen?

Wann oder wie ich angefangen habe, nach Gott zu suchen, weiß ich nicht. Auch nicht warum.

Vielleicht ist die Unsicherheit mit mir selber ein Hauptmotiv. Oder das religiöse Elternhaus. Oder Gott, dieses Heilige Geheimnis, dieser *zu suchende* ruft jeden Menschen zu sich? Seit ich denken kann, haben meine Eltern mit uns Kindern gebetet und ich war stets gewillt, in den Sakramenten mehr als das Brot und die Handauflegung zu erkennen und die darin liegende Gegenwart Gottes zu glauben und zu erleben.

Als junger Erwachsener gab es mal einen Moment in einer kleinen Kirche, wo ich deutlicher als schon im Frühling desselben Jahres in Lourdes die Gegenwart von Gottes Geist, dieses geheimnisvollen Feuers, zu spüren meinte. Ich beschloss für mich, dass ich mein Leben danach ändern müsste. Dieses Feuer wirkte wie vor und in mir und schien mich ganz zu erfüllen und meine Zweifel und Unsicherheiten zu verringern, in diesem Moment und den folgenden Stunden und Tagen.

Im Priesterseminar, wo ich zwei Jahre verbrachte, hatte ich manchmal wieder diese Wahrnehmung. Es entstanden einige gute Freundschaften und ich war im Theologiestudium sehr glücklich, vor allem im ersten Semester. Was ich leider nicht ausgehalten habe war die Fraglosigkeit vieler Mitstudenten und ihre Selbstzufriedenheit. Ich fand dort den Rahmen nicht, den ich gebraucht hätte, um inhaltlich fester zu werden.

Ich hatte auch immer viele Zweifel an meinem Glauben und mir.

Bei einer Reise nach Assisi war es wieder zu spüren. Es wirkte wie eine Art glühende Finsternis und schien mir wieder ein wenig wie der Heilige

Geist, der die Herzen glühen lässt. Es wirkte zeitweise wie eine Dunkelheit, die mich leuchtend ausfüllt und die bis zu den anderen reicht. In San Damiano meinte ich die Erfahrung zu machen, dass Menschen, die ihren Platz gefunden haben und sich auf Gott einlassen, gelassen sind. Ich meinte wieder den Heiligen Geist zu spüren, weinte manche Tränen, empfand Gewissheit und Klarheit. Ich empfand damals so etwas wie eine Umkehr des Herzens und Willens: nicht mehr ich schaute auf mich, sondern Gott schaute aus mir heraus auf seine Schöpfung, auf alle Geschöpfe, mich und sich. Für mich verstand ich den Bibelvers „Nahe herangekommen ist die Königsherrschaft Gottes" neu. Ich konnte nachvollziehen, dass durch diese Herzensruhe die Triebe, das Begehren, die Habgier und Geltungssucht nachlassen können.

Ich tat mich sehr schwer, Erfahrungen dieser Art und meinen Alltag zusammenzubringen.

Am Ende meines Theologie-Studiums ergab sich eine geistliche Unterredung mit dem bekannten Abt eines großen Klosters. Er meinte, das Kernproblem des religiösen Menschen und besonders des Theologen sei oft nicht die Frage, was richtig sei, sondern die Angst, sich festzulegen. Er sagte, dass für ihn irgendwann in der Theologie nichts Neues mehr kam. Sie interessiere ihn seitdem nicht mehr als solche. Theologie wie unser Leben brauche ihre Mitte. Geduld sei nötig, um sie zu finden und diese Mitte, der Glaube, wachse mit dem Leben wie ein Baum. Es geschehe nicht jedes halbe Jahr etwas Neues. Man solle besser nicht das Esoterische ersehnen. Der Weg führe immer mehr ins Alltägliche. Ein Vogelzwitschern könne mich plötzlich wachrufen. Die damit verbundene Erkenntnis könne man nicht aufs Titelblatt einer Zeitung drucken, aber auf sie komme es an.

Ich habe dann etliche Jahre Zazen gemacht. Es war halbherzig, oft schmerzhaft und wirkte wenig weiterführend. Ohne Erfahrungen war es dennoch nicht. Heute verstehe ich, dass ich damals mit dem Kopf durch die Wand und unbedingt von meinen Wurzeln und meinem Leben weg wollte, um woanders das zu finden, von dem ich gerade wegwollte.

Irgendwann habe ich aufgegeben, irgendwelche „spirituellen Wege" gehen zu wollen, um irgendetwas erreichen zu wollen. Wie wir alle musste ich oft und deutlich fallen und leiden.
Es ist nicht möglich, durch den Glauben, spirituelle Erfahrungen, Gebet oder Wunder dem Leben zu entkommen, das wir leben. Es gibt Erfahrungen, die uns nicht gefallen und die wir dennoch machen, ob wir wollen oder nicht. Es gibt Ereignisse, die uns treffen, ohne dass wir uns wehren können. Jesus, obwohl Sohn Gottes, starb am Kreuz. Wir können dem Leben, wie es ist, nicht entkommen, aber wir können versuchen, es als Christen zu leben.

Wenn wir uns umschauen, dann bemerken wir, dass wir nie allein waren und Gott immer da ist. Es gibt nichts anderes als das Leben selbst. Plötzlich merken wir, dass unsere Seele in ihrem Inneren immer vor Gott war und immer eins mit ihm. In unserem Innern findet die innere Anbetung Gottes immer statt.

Wenn ich mich umwende merke ich, dass ich seit Jahrzehnten so bete, dass ich schon immer versuche, den Alltag als Christ zu leben. Und in jedem Atemzug liegt der Lebensatem Gottes und verbindet mich mit ihm und allen Geschöpfen.

Die Frage, wie ich Gott finden kann, hat mich bei all dem nie losgelassen. Egal, wie fern ich mich fühlte, so war er mir immer nah.

Der Pilgerweg im Inneren

Mehrmals war ich auf dem Jakobsweg unterwegs, aber am beeindruckendsten war das Stück zwischen León und Santiago, rund 300 km, die ich im Sommer 1992 mit meinem Freund Holger zu Fuß zurücklegte.
Es war noch vor dem internationalen Jakobsjahr 1993 und viele Refúgios waren in schlechtem Zustand, der Weg oft nur schwer zu finden. Ich kann mich noch gut erinnern an die große Hitze in der Meseta, der wüstenartigen spanischen Hochebene, und an die vielen Blasen, den Gestank der verschwitzten Kleider und die schlechte Laune, die sich einstellte, wenn sich die gelben Wegmarkierungen nicht finden ließen. Holger hatte immer einen knorrigen Stock an seinem Rucksack, zur Abwehr der Hunde. Immer, wenn Hundegebell zu hören war, packte er den Stock und schaute wild entschlossen. Aber die Hunde haben uns nie etwas getan, auch nicht in dem verlassenen Dorf Foncebadón, das für seine wilden Hunde bekannt ist.

Der Weg durch die Meseta ist wie eine Prüfung. Die harte Sonne, die Hitze, die Trockenheit, setzen einem sehr zu. Aber nie ist man völlig verlassen, plötzlich steht man unter einem schattigen Baum oder Strauch, oder an einem kleinen Fluss, in dem man baden und alle Hitze und allen Staub vergessen kann. Plötzlich tritt ein Bauer aus seinem Feld, grüßt, wendet sich um, blickt über das weite Land, öffnet die Arme weit und sagt: ‚un país bonito, como toda la España!', ein schönes Land, wie ganz Spanien! Man spürt: was er meint, ist auf einer viel tieferen Ebene wahr: hier und jetzt zeigt sich die ganze Herrlichkeit und Schönheit der 10.000 Dinge, in denen sich Gott ausdrückt.

Villafranca del Bierzo ist wie der Beginn einer inneren Wandlung. Das Refúgio dort war irgendwann mal abgebrannt. Jesús Jato, ein Mann mit heilenden Händen, einer, den alle kennen, weil er sich liebevoll und entschlossen um die Pilger und den Weg kümmert, hat dort aus Holzbalken, mit Plastikplanen und mit viel grünen Pflanzen ein Refúgio gebaut, das wie ein Gewächshaus ist, man fühlt sich wie in den Tropen, und es herrscht eine sonderbare, aber sehr heilsame Stimmung dort. Es deutet sich etwas an, das man noch nicht greifen kann, aber das in der Tiefe schon wartet.

Dann geht es bald auf den Cebreiro-Pass, ein langer Aufstieg, erst durch ein langes Tal, dann die Berge hoch. In der uralten Kapelle oben am Pass wird von alters her der Kelch aufbewahrt, der einmal durch göttliche Gnade der Gral gewesen ist. Der Cebreiro ist so etwas wie ein Nullpunkt der Welt, etwas Altes hört auf, etwas Neues beginnt und dazwischen steht die Zeit still, schon immer. Wie ein Einfallspunkt des Göttlichen in die Welt. Als wir am nächsten Morgen ganz früh aufstanden, war es ganz still und die Wolken wälzten sich geheimnisvoll und wie eine unbeschreiblich große Welle über die Berge. Wir standen im Wellental, es war sehr verwunderlich und trotzdem eigentlich gar nicht anders zu erwarten.

Sicher lag das auch daran, dass der Cebreiro den Übergang zu den tiefliegenden grünen Hängen und Feldern von Galizien bildet und trockene und feuchte Luftmassen hier aufeinander stoßen. Nach all der großen Hitze ist der Abstieg nach Galizien wie der Weg ins gelobte Land. Die grünen Hänge, die kleinen Mäuerchen, alles wirkt wie Irland. Es ist so grün und so lebendig, dass es den Augen fast wehtut.

Die letzten Tage vor dem Ziel, aber auch Santiago selbst habe ich wie in Trance erlebt. Die lauten Straßen, die man immer wieder passiert, verschlafene Innenstädte, die Touristenbusse und der Nepp in Santiago haben mich kaum innerlich berührt, denn der äußere Jakobsweg war längst zu einem inneren geworden. Die Reise, die man mit den Füßen macht, ist auch eine Reise nach innen. Sie bringt einen auf Distanz zum Vordergründigen; das, was nur vermeintlich Identität geben kann, wird fraglich. Es bildet sich eine Ahnung für die große Weite, in der sich unsere Seele schon immer bewegt hat, eine große Leere und Unabhängigkeit, die aber nicht bedrohlich ist, sondern liebevoll. Etwas von Gott wohl, in dessen Angesicht wir alle Pilger sind, bis wir ganz in ihn eingehen.

Anschließend waren wir noch eine Weile am Atlantik. Dort ist Finisterre, das Ende der Welt. Die Strände waren lang und leer. An den Füßen bildeten sich kleine schwarze Flecken von den Ölresten des letzten Tankerunglücks. Man ist nie völlig aus der Welt, auch nicht an ihrem Ende. Man spürt nur: man ist mehr, als man von sich zu wissen meint. Den Jakobsweg gehen zu können, ist eine große Gnade. Wenn man ihn gegangen ist, dann geht man ihn in seinem Inneren danach jeden einzelnen Tag weiter.

Gott im Tod begegnen

Es sträubt sich etwas in uns, die Geschichte der Menschheit ausschließlich mit Fortschritt in Verbindung zu bringen, denn vor den großen Themen menschlichen Lebens, dem Hass, den Kriegen, der Habsucht, dem Geiz, der Verzweiflung, dem Leiden und dem Sterben, stehen wir wie vor Jahrtausenden. Wenn wir ehrlich sind, dann haben wir Angst vor dem Tod.

Der Tod erscheint uns grau und düster. Das ist menschlich. Es mag zwar so sein, dass manch eine Sterbebegleitung viele positive Erfahrungen beinhaltet, oft ist das Sterben aber auch mit Schmerzen verbunden und keine schöne Erfahrung. Die Menschen sterben, wie sie gelebt haben, sagt man, und viele leben nicht schön. Wir sprechen zwar von der „Würde des Menschen bis zuletzt" und vom „Leben bis zuletzt", dennoch bedroht der Tod jeden von uns. Unabweisbar.

Es drängt uns, dem Tod nicht das letzte Wort zu lassen. Es drängt uns, Gedanken der Hoffnung zu entwickeln. Es drängt uns, den Tod mit Gedanken, mit Geschichten, mit Bildern und Melodien der Hoffnung zu verbinden. Wir versuchen ihm damit seine Macht zu nehmen, und dennoch stehen wir ratlos vor dem Wissen und vielmehr noch dem Fühlen, dass auch wir sterben werden. Dieses Wissen ist unabweisbar.

Unsere Kultur ist geprägt von der christlichen Auferstehungshoffnung. Wenn ich sage, christliche Auferstehungshoffnung, dann erreicht dieses Wort viele nicht. Viele zucken zurück. Teils, weil Kirche ihre Glaubwürdigkeit verloren hat, teils aber auch einfach weil wir ehrlich mit uns selber sein wollen und eine oberflächlich verarbeitete religiöse Lehre dem sicheren Wissen um und der Angst vor dem eigenen Tod nicht standhält. Die Bilderwelt, die wir aus Kirchen kennen, die Bilder vom Himmel und vom Paradies, erscheinen uns kitschig, pompös und aufgesetzt. Ich kann mit meinem kritischen Geist nicht ernsthaft glauben, dass ich nach dem Tod einem Mann mit grauem Bart gegenüberstehe und nackte rosa Rubens-Engelchen um mich herumturnen. Diese Bilder nehmen mir das Grauen nicht.

Christliche Auferstehungshoffnung fußt auf der Auferstehungserfahrung des Jesus, den sie später Christus nannten. Wie auch immer diese Erfahrung konkret ausgesehen haben mag, relativ schnell hat sich herumgesprochen, dass dieser Jesus Christus, der gekreuzigt worden war und begraben wurde, am dritten Tag auferweckt wurde und den Aposteln erschien, und als letztem dem Paulus. Die frühen Christen haben die Erfahrung gemacht, dass derjenige, der ihnen Hoffnung gab, der ihnen half, im Alltag das Wirken Gottes zu erkennen, nicht bei den Toten blieb. Sie haben die Erfahrung gemacht, dass diese konkrete Welt, dieses harte Holz hier, dieser Stein dort nicht das letzte ist, sondern dass Hoffnung in allen Dingen lebt. In vielen Geschichten schlägt sich die Erfahrung nieder, dass unsere konkrete Welt in sich das Transzendente, das Göttliche birgt, und wir es immer neu erfahren, wenn unsere Herzen weit werden, wenn wir Hoffnung spüren, wenn wir Freiheit ahnen, wenn wir uns auf den Weg machen, wenn wir mutig Neues wagen, ohne in Angst im Alten zu verharren. Die frühen Christen haben gespürt, dass diese innere Weite sich auch über den Tod hinaus erstreckt, dass auch im Tod Transzendenz, das Göttliche, das Hoffnung und Freiheit Gebende erfahrbar sind.

Was sich dann an Bildern gefunden hat, um diese Auferstehungshoffnung gleichsam zu illustrieren, erscheint uns heute vielfach lächerlich und überholt. Dabei sind diese Bilder nicht das Eigentliche. Unsere Aufgabe ist es, eigene Bilder zu finden. Es geht darum, von den Bildern, und dem was sie mit unserem Verstand machen, weg zu kommen und auf unser Herz zu hören. Wo macht jeder von uns die Erfahrung von Transzendenz, von einer göttlichen Dimension in seinem eigenen irdischen Leben? Wo spüren wir, dass das Irdische, das Materielle nicht alles ist? Horchen wir auf unser Herz! Kennen wir diese Momente, wo wir plötzlich innerlich ein Leuchten spüren? Wo wir an einem düsteren Tag, an dem alles grau erscheint, merken, dass das Lächeln eines Menschen, eine Begegnung, ein Händedruck, eine Berührung, ein Lachen von Kollegen plötzlich Hoffnung gibt? Kennen wir das Gefühl, dass eine

Situation wie ein Sonnenstrahl in die eigene Seele strahlt? Kennen wir die Momente, wo sich plötzlich eine Ahnung von Freiheit ergibt? Es liegt an uns, diesen Momenten Glauben zu schenken.

Es liegt an uns, ob wir sagen, das Materielle, das Irdische, Gefühle von Gewohnheit, Festgefahrensein, Gefangenschaft, unabänderlichen Riten und Kontrolle sind das letzte und sollen das letzte bleiben, was diese Welt ausmacht. Oder ob wir auf Freiheit setzen, ob wir für Freiheit kämpfen, ob wir es wagen, auf schwankendem Boden dennoch den ersten Schritt zu tun. Die Erfahrung von Freiheit und von Transzendenz werden wir, jeder Einzelne von uns, womöglich auch in unserem eigenen Tod machen können. Das ist im Kern das, was sich hinter christlicher Auferstehungshoffnung verbirgt. Der Gott, der in der Welt wirkt, der in jedem Moment da ist, ist auch im Tod da.

Es lohnt sich, die Hoffnung zu haben, dass wir freie Menschen werden können. Es lohnt sich, zu glauben. Es lohnt sich, daran zu glauben, dass sich die kleinen Erfahrungen der Nähe Gottes in unserer Seele auswachsen können, noch das schwärzeste Dunkel tragen und uns mit Kraft und Liebe erfüllen.

Auf der Seite der Menschen
(Die Würde unserer Arbeit 1)

Ist Christsein nur etwas für den Sonntag und die Familie? Kann ich in meiner Arbeit Christ sein? Aber nicht nur in den Pausen oder Unterbrechungen sondern IN der Arbeit?

Manchmal höre ich meine Kollegen mit Sätzen wie „Wir sind ein Superteam!" „Wir laufen nicht weg, auch wenn es schwer wird oder wenn es gar ans Sterben geht." „Wir sind Partner der Betroffenen und geben Hilfe zur Selbsthilfe." Solche Aussagen machen mich stolz auf meine Kollegen und unsere Arbeit. Ist es nicht ein großes Geschenk, auf der Seite der Menschen stehen zu können? Was inspiriert uns dazu? Ist es der „Geist Jesu", der sich stets auf die Seite der Schwachen und derer am Rande stellte? Es geht um die Haltung, die er uns vorgelebt hat: mit Mut auf der Seite der Außenseiter, die Gott gesegnet hat.

Tun wir das nur aus uns heraus? Sind es nur wir selbst? Wir sind nicht allmächtig. Wer wirkt denn da wirklich? Wirkt noch jemand – Gott? – durch uns hindurch? Die Würde unserer Arbeit ist uns durch ihn geschenkt.

Wir müssen unsere Arbeitsbedingungen gestalten, so dass sie menschen- und familienfreundlich sind, so dass sich jeder entfalten kann, so, dass sie gerecht sind. Arbeiten für andere Menschen wird immer ein Miteinander im Team, mit Klienten und Angehörigen und Weiteren sein.

Was ich in meinem Team vermisse, das muss ich zuerst auch selbst geben. Dabei geht es um viel mehr als Kaffeetrinken, es geht um lebendigen Kontakt. Gebe ich den? Wenn jemand trotz hoher Verantwortung aufgrund vielfältiger familiärer Probleme der Unterstützung bedarf, dann ist das von uns allen, von allen Kollegen aufzufangen. Machen wir das? Tun wir das auch dann, wenn es anstrengend wird? Das ist die Würde unserer Arbeit für unsere Kollegen.

Alle Vorgesetzten müssen sich kritisch selbst betrachten und sich fragen, ob sie wirklich ausreichend konkretes und positives Feedback geben und den Mitarbeitern auch durch schwierige Situationen hindurch helfen, auch und gerade dann, wenn sie – was zum Menschsein gehört – Fehler gemacht haben. Und alle müssen sich fragen, ob sie in ihrem Innern wirklich von Wertschätzung erfüllt sind oder diese nur als Maske verwenden, im Innern aber voll Hochmut, Verachtung und Selbstbezogenheit sind.

Aber andererseits: Kann und muss wirklich alle Wertschätzung für mich durch meinen Vorgesetzten kommen? Wer, wenn nicht ich selbst, kann mich wertzuschätzen und die eigene Würde sehen? Die Würde unserer Arbeit ergibt sich aus unserer Würde als Gottes Geschöpfe. Freilich, diese Wertschätzung kann ich mir alleine aus meinem engen Ego heraus nicht geben. Ich kann mich aber am Grunde meiner Seele offen halten für die Stimme Gottes, der zu mir spricht: Ich habe Dich bei Deinem Namen gerufen. Ja, so wie Du bist, nehme ich Dich an.

Im Inneren erfüllt
(Die Würde unserer Arbeit 2)

Der allgemeine gesellschaftliche Druck macht sich auch in unserer Arbeit bemerkbar. Er zeigt sich in den Grenzen unserer Kapazitäten, in den Grenzen durch die Wirtschaftlichkeit, im Wirken tausender Vorschriften usw. Das ist vor allem sozialpolitisch zu gestalten.

Dennoch wird unsere Aufgabe auf lange Zeit auch immer darin bestehen, uns im vorgegebenen Rahmen zu bewegen. Es gibt Grenzen. Menschen mussten und müssen immer mit Mangel umgehen. Eine zentrale Ressource, nämlich unsere Lebenszeit, ist ebenfalls begrenzt. Ist das so schlimm? – oder eine Gnade, die uns die Kraft geben kann, das Jetzt anzunehmen, uns selbst mit unseren Grenzen zu sehen und zu wissen: mehr als dieses „ich selbst" ist schlicht nicht und in diesem knappen „ich selbst" liegt die Würde unserer eigenen Existenz und der Beitrag, den wir in der Gesellschaft und für die Menschen zu geben haben. Das Paradies, die Gegenwart Gottes ist jetzt nicht – oder doch? Jetzt sind Grenzen. Grenzen, die anzunehmen sind, und in denen ich einen Blick für die eigene Würde haben oder nicht haben kann.

Bin ich in der Lage, das Geschenk in jedem (von Gott geschöpften) Ding und in jedem Augenblick zu sehen? Bin ich offen für den Lichtstrahl aus der Ewigkeit, der mich jeden Moment treffen will, wenn ich die Augen öffne? Kann ich trotz der gegebenen Grenzen nicht (nur) an Mangel leiden, sondern unendliche Fülle wahrnehmen?

Die manchmal vorgetragene Erwartung nach ehrenamtlichem Engagement der Kollegen wird oft kritisch gesehen oder abgelehnt, da man sich eine solche Forderung grundsätzlich verbietet oder realistisch sieht, dass die dann auch noch erbrachte Zeit einfach nicht zu leisten ist und auch die Seelenhygiene unterläuft. Es ist richtig: die Grenzen zwischen Arbeit und Privat zu ziehen ist nicht leicht und will gelernt und immer wieder neu gelebt sein. Es ist einfach nicht gut, wenn man nicht mehr abschalten kann. Nur wer seine eigene Kraft wieder aufgetankt und das nötige Maß an Gelassenheit wieder gefunden hat, kann sich ernsthaft in die oft sehr schwierigen Angelegenheiten der täglichen Arbeit einlassen.

Andererseits taucht hier ein Thema auf, das viele von ganz unterschiedlichen Arbeitgebern kennen: Arbeitgeber erwarten eigentlich immer Loyalität zu den Grundideen ihres Unternehmens. So erwarten auch Caritas und Diakonie Loyalität zu den Grundwerten ihrer Arbeit, und das ist das Christentum. Dabei wird nicht verlangt, dass die Mitarbeiter jeden Sonntag in die Kirche gehen. Es wird nicht verlangt, dass sie jede Äußerung des Ortspfarrers, des Bischofs oder des Papstes gut finden. Eine kritische Haltung ist durchaus gerechtfertigt und glaubwürdiger als jeglicher blinder Gehorsam.

Viele Bewerber sagen, dass die christlichen Werte in ihrem Leben eine große Rolle spielen. Was heißt das denn dann? Wie wirkt sich diese Lebenseinstellung denn in der Arbeit konkret aus? Hat sie Auswirkungen auf meine Haltung zu mir selbst, zu meinen Kollegen und Vorgesetzten, zu meinen Klienten und den Menschen in meinem Privatleben? Was wären die persönlichen Werte wert, die nur in einem bestimmten Zeitrahmen eine Rolle spielen würden? Ist es nicht so, dass das, was mich in meinem Innersten bewegt, mich immer bewegt und immer mein Leben, meine Begegnungen, mein Verhalten, meine Entscheidungen prägen will?

Wie tief sind wir uns wirklich der Würde unserer Arbeit, des eigenen Beitrages unserer Person für die Menschen bewusst? Können wir nicht auch stolz darauf sein? Auch in unserer Freizeit?

Warum wir helfen
(Die Würde unserer Arbeit 3)

Warum helfen wir? Weil es das „Gebot der Nächstenliebe" gibt?

Wer sagt, dass religiöse Formulierungen oft moderner sein müssten, dem kann ich nur Recht geben! Zu viele „typisch kirchliche" Formulierungen stören mich auch, weil sie veraltet und unverständlich sind und vor allem die Faulheit der Sprecher zeigen, die nicht daran interessiert sind, sich auf ihre Hörer zu beziehen. Oft scheint mir eine „negative Theologie" angemessener: lieber umschreiben, was nicht gemeint ist und dem Hörer die Möglichkeit lassen, seine eigene Erfahrung zu bewerten und seine eigene Sprache zu finden.

Wenn man sich selber fragt, warum man in manchen Situationen hilft, was kommt dann dabei heraus? Tut man es nur des Geldes wegen oder weil der Vorgesetzte oder das Konzept es verlangen? Was ist unser innerstes Motiv dafür, dass wir uns für den anderen öffnen? Ist es ein Helfer-Komplex, der besser weg-therapiert gehört?

Oder ist da tief in uns eine Fülle, aus der heraus wir geben können, ohne leer zu werden? Auch wenn wir zögern, es so zu nennen: Ist nicht auf dem Grund der eigenen Seele etwas wie eine göttliche Dimension, die wir manchmal erahnen und die uns Kraft gibt zum Leben? Auch wenn wir uns scheuen, es so zu nennen? Ist da nicht unendlich viel mehr an Liebe und Zuwendung in der Tiefe unserer Seele, als wir selber für uns brauchen. Liebe, die sich verschenken will?

Ja, wir brauchen neue, aktuelle Formulierungen und ehrliche und offene Begegnungen. Aber das, was wir dann mit hoffentlich neuen und besser verständlichen Worten beschreiben werden, das wird dann wohl etwas sein, was viele von uns in ihrem Innersten schon immer kennen, und leben, und was unser Leben und unsere Würde ausmacht.

Nebenbei: Wir haben in manchen Teilen eine Gesellschaft, in der die Toleranz gegenüber anderen Werten und anderen Religionen so weit geht, dass die Tore für die zerstörerischen Botschaften der Werbewirtschaft (Geiz ist geil?), des Hasses und der Ausgrenzung so weit aufgerissen werden, dass wir uns überhaupt nicht mehr trauen, die (christlich-humane) Basis der von uns geforderten Toleranz noch zu verteidigen. Wenn wir diese Verteidigung nicht mehr haben, werden wir nur noch die völlig ausgelieferten Opfer einer beinharten Konsumindustrie und einer neuen Herrschaft der Herzlosen sein.

Das Innerste und das Heiligste müssen verteidigt werden und das macht Arbeit.

Gute Führung
(Die Würde unserer Arbeit 4)

Was ist eine gute Führung? Schaue ich in die Bibel und überlege mir, wie die Führungskraft schlechthin die Welt regiert, wie also Gott zu seiner Schöpfung steht, so finde ich dort die Aussage, dass Gott ein Drei-Einer ist. Drei Personen, die in Liebe zueinander stehen. Die Welt ist in diesen innergöttlichen Dialog mit hineingenommen und das Ziel seiner Schöpfung liegt darin, die in Freiheit gelassene Welt mit ihren dunklen Seiten in diese göttliche Liebe mit hineinzunehmen. Die Aufgabe von uns Menschen liegt darin, daran mitzuwirken. In seiner Schöpfung, in seinem Wort, das in die Welt erging, seinem Sohn, der sein Leben dahingegeben hat, findet Gott zu sich selbst zurück.

Man könnte sagen: Gott arbeitet im Team, da stimmt man sich ab.

Und da wird nicht hierarchisch durchregiert, da wird in Vertrauen Freiheit gegeben und Verantwortung zugemutet.

Da gibt es nicht Klienten, sondern nur Wertschätzung jedes einzelnen.

Dabei spielt Vergebung eine außerordentlich große Rolle. Der Gang von Jesus von Nazareth in die Welt, in die eigene von ihm freigelassene und in Verantwortung entlassene Schöpfung war ein Gang in die tiefsten Tiefen, bis in die Folter des Kreuzes. Da steht kein Gott, der sich rächt, sondern ein Gott, der vergibt.

In diesem Bild sind Fehler zugelassen. Führung in diesem Sinne ist nicht totale Kontrolle, die Fehler verhindern will, sondern sie lässt Fehler zu und ist bereit zu vergeben und strebt nach dem Wohl des Gesamten. Trotz der Fehler verteidigt sie die Würde und die Freiheit jedes einzelnen.

Dabei geht es nicht um Zahlen und Effektivität und die Ausbeutung der Schöpfung. Es geht um Leben, um Freiheit, um Entfaltung und Liebe. Es geht auch um Abnehmen und Sterben, die genauso gut sind wie Geburt und Wachstum.

Solche Werte sollte eine Führungskraft so verinnerlicht haben, dass sie Verstand und Herz erfüllen, sie Tag und Nacht begleiten, in jeder Faser verankert sind und in allen Entscheidungen zum Tragen kommen.

Das ist die Würde der Arbeit als Führungskraft.

Fluchttendenz

Mein Gott, warum laufe ich Dir seit Jahren davon?
Warum ist es mir peinlich, von Dir zu sprechen? Warum überlasse ich anderen das Feld, die behaupten, man brauche immer neue Dinge oder jeder sei ein Versager, der nicht alle Energie, alle Beziehungen, Kontakte und Ideen darauf verwendet, Materielles anzuhäufen? Warum ertrage ich so viel Unerträgliches und schreie nicht heraus, was mir wirklich wichtig ist?
Warum tut sich mein Geist so schwer, sich Dir zuzuwenden? Warum lasse ich mich so gern und so willfährig ablenken von Genüssen aller Art (was nicht schlimm ist aber so leicht zur betäubenden und abstumpfenden Gewohnheit wird) und verliere das Eigentliche aus dem Auge (was sich manchmal wie Sterben anfühlt)?
Warum mache ich so oft einen weiten Bogen um das Gebet, um das Ruhigwerden in Deiner göttlichen Gegenwart?

Ich weiß, Du bist da. Bist Licht und Kraft in meinem Leben. Warum will ich mich Deiner Liebe nicht öffnen und mich berühren und vielleicht auch ganz erfüllen lassen? Ich wende mich immer neu ab und tue Dinge, die ich für vordergründig schnell zu erledigen halte. Das ist über die Jahre zum Reflex geworden und schnell biege ich ab, wenn mein Blick Dich treffen könnte und laufe in eine andere Richtung.
Es ist vielleicht leichter, mich selber, Dein Geschöpf (und damit Dich) zu beschimpfen, als mich von Dir anschauen zu lassen als der, der ich bin.

Laufe ich nicht weg, so geschieht nichts Schlimmes.
Mein Atem wird ruhiger und ich werde ruhig.

Du bist da. Als dunkles, geheimnisvolles Licht auf dem Grund meiner Seele.
Du warst immer da, mein ganzes Leben.
Du willst nicht, dass ich mein Leben, das Du mir geschenkt hast, zerstöre.
Du bist. Einfach. Geheimnisvolle Glut des Lebens in der Mitte von allem, unmittelbar da.

Ich muss nirgendwo hin.
Wie es ist, ist es gut.
Ich bin da für die Menschen, die jetzt hier sind.
Nach Kräften, soweit sie mir gegeben sind.
Ich muss nicht von mir aus glänzen. (Davon wird mir mit der Zeit höchstens übel.)

Ich darf lieben und geliebt werden.
Ich bin kein Dreck und kein Versager.
Du schenkst mir Wert und Würde und lässt mich sein, wie ich bin.
Du hältst mich in Deiner Hand, hältst mich im Leben.
Ich will genau sein, meiner Pflicht nicht davonlaufen, leben, helfen.
Ich muss nichts Besonderes sein und kein anderer als der, der ich bin (und den Du so gewollt hast).
Ich muss mich nicht vergleichen und kann einfach in Kontakt gehen.

Ich darf Geduld haben, denn so viele Dinge, die jetzt noch nicht so sind, wie ich sie gern hätte, kann ich ohnehin nicht ändern, sondern nur ihre Wege, wie krumm sie aus meiner Sicht auch sein mögen, verfolgen.
Besser bin ich gelassen, dann lässt der Druck in meinem Herzen nach.
Wenn es dreckig ist, und niemand putzen kann, wird es weiter dreckig sein. Ist das schlimm?

Ich will mich von Dir lieben lassen und die Gefahr in Kauf nehmen, dass es mir vielleicht weh tut, wenn das viele Dunkel in meiner Seele von Dir mit Licht durchdrungen wird.
Ich will mich von Dir lieben lassen und ruhig werden in Dir.
Es ist so eine große Gnade, die ich mir nicht verdient habe, dass Du mich gerufen hast und mich in Händen hältst. Es ist so ein Glück, dass Du mich lässt wie ich bin und in mir leuchtest und mir Frieden gibst.
Ich danke Dir, mein großer, geheimnisvoller Gott.

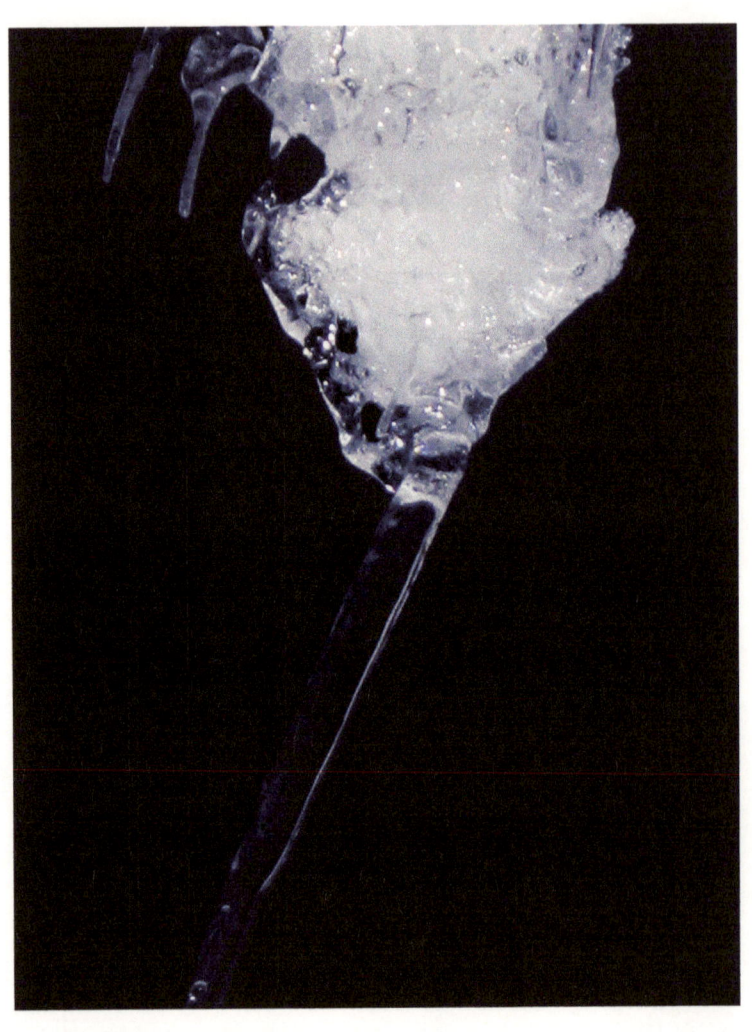

In meinem Inneren bist Du

In meinem Inneren bist Du.
Da ist Frieden, Dein Glanz, Ruhe und Wärme.

Ich verstehe nicht, warum das nicht genügt.
Warum will ich Dich immer zuschütten mit Genüssen und Gedanken?
Was macht es so schwer, mich Dir zu öffnen?

Warum finde ich Dich so schwer im Alltag, bei den Menschen, in der Aktion?
Was trennt mich dann von Dir?
Bin das auch ich, der Dich dann mit Aktion zuschüttet?

Ich kann es schwer aushalten, dass nichts geschieht, wenn ich Dich anschaue.
Ich will gern Auswirkungen in meinem realen Leben sehen.
Ich weiß, dass ich mich damit wichtiger nehme als Dich und dass das nicht in Ordnung ist.

Ich kann es mir nicht leisten, nichts zu tun. Nicht in der Arbeit, nicht in der Familie.
Manchmal fühle ich das namenlose Entsinken in Dir und den Wunsch, in Dir zu verweilen und mich von Dir durchwirken zu lassen.
Führe Du meine Hand, mein Herr Jesus Christus. Gib mir ein Herz voll Liebe.

Wenn ich auf das Zugeschüttetwerden verzichten will, fühle ich Gier, Hunger und Durst nach irgendetwas. Ich muss das dann aushalten und die Gier bleibt. Das Aushaltenmüssen geht nicht weg.
Ich bin dann nicht wie ein Baby glücklich und satt, sondern spüre Spannung, aber auch Offenheit für Dich und für den Augenblick. Es ist eine Entscheidung, die ich immer neu treffen muss: mich abzufüllen, oder offen und wach zu sein.

Wachsein um seiner selbst willen scheint mir aber kein Wert an sich. Es geht stark von meinem Willen aus und macht mir manchmal Kopfweh.

Aber wenn ich die Mühe dieses Wachseins nicht auf mich nehme und mich dem Schlaf und der Befriedigung hingebe wie die Jünger im Garten Gethsemane, dann fühle ich nur einen faden Geschmack, denn ich weiß, dass ich dem Eigentlichen in meinem Leben davonlaufe.

Gott will den anderen dienen

Nada te turbe	*Nichts soll dich ängstigen,*
Nada te espante,	*Nichts dich erschrecken,*
Todo se pasa,	*Alles vergeht,*
Dios no se muda,	*Gott bleibt derselbe.*
La paciencia	*Geduld*
Todo lo alcanza;	*Erreicht alles.*
Quien a Dios tiene,	*Wer Gott besitzt,*
Nada le falta.	*Dem kann nichts fehlen.*
Sólo Dios basta.	*Gott allein genügt.*

Ich habe mal vor einigen Jahren in einer kleinen Kirche gepredigt und dabei auch dieses Gedicht von Teresa von Avila zitiert.
Ich war erfüllt davon, dass Gott in unserer Seele zu finden ist. Aber je mehr der Gottesdienst seinen Lauf nahm, desto mehr war da etwas anderes: es schien mir, als ob sich durch mich hindurch Segen verbreitet, auch wenn ich davon wenig gehabt habe. Oft genug verfalle ich dem Irrtum, an mich zu denken und etwas für mich zu suchen. Das ist dann so. Ich tue das dann nicht nur aus Selbstsucht, sondern auch aus schlechtem Gewissen (das wieder Ausdruck der Selbstsucht ist).

Aber Gott ist wohl nicht da, um uns zu beglücken. Er erfüllt uns, wie er seine ganze Schöpfung erfüllt. Nicht um meiner willen, sondern um seiner und der anderen willen, um aus mir zu fließen und den anderen zu dienen.

Manchmal fürchte ich, dass meine Suche nach Gott mich trennt von den anderen, von meiner Frau und den Menschen, die ich mag oder die auf mich angewiesen sind. Lieber würde ich den Weg der Liebe gehen, soweit und solang ich nur kann.

Teresa hat sich auch sehr nach Liebe eines bestimmten Mannes (Gracian) gesehnt. Und war die große Gott-Liebende. Sie bleibt wie alle großen Heiligen ein wenig eine tragische Gestalt. Wir alle. Auch mein so gläubiger und menschenfreundlicher Vater, der in jeder Hinsicht nur zu bewundern ist. Gott zu suchen und sein Leben immer wieder danach zu ordnen und auszurichten führt zwangsläufig zu vielen komplizierten Fragen, die manch anderer sich vielleicht nicht stellt. Einfachheit und Unmittelbarkeit können dadurch jedenfalls phasenweise verloren gehen.

Aber diesen Fragen mit Gelassenheit und Geduld zu folgen, bringt irgendwann auch viele Früchte: Bescheidenheit, tiefere Gelassenheit, Gottvertrauen, Liebe zu den Menschen und der Welt, Frieden. Frucht, nicht dreißigfach, sondern hundertfach.

Es ist schwierig, den eigenen Sohn zu erziehen und gleichzeitig zu vermissen. Es ist schwierig, ihn in Freiheit zu entlassen, wenn man gleichzeitig will, dass er sich irgendwie verhält.
So ist es auch mit dem eigenen Selbst: irgendwann muss man loslassen und sich ergeben, um frei werden zu können.

Den eigenen Erfahrungen trauen

Im „Bericht des Pilgers" schreibt Ignatius von Loyola, dass sich vor seiner Abreise aus Barcelona (ins Heilige Land) sein „ängstliches Drängen nach einem Zusammentreffen mit religiös interessierten Personen gänzlich"[12] verlor: seiner Meinung nach waren sie nicht sehr tief in das geistliche Leben eingedrungen.
Das spricht mich an: irgendwann hat er angefangen, zu seinen eigenen Erfahrungen zu stehen.

Ich finde auch das Grundprinzip gut, dass er Erfahrungen danach unterscheidet, was Trost und was Misstrost gibt. Er spricht nicht oft von der unmittelbaren Schau, sondern sehr oft davon, was Gedanken, Vorstellungen und Ereignisse in der Seele auslösen. Die starke Suche nach den außerordentlichen Erfahrungen führt zu einer Missachtung des tatsächlichen Lebens und der Fingerzeige Gottes darin. Diese zu suchen und zu erkennen ist die Aufgabe!

Das geht mittelbar: das Zeichen für das Wirken Gottes ist der „Trost" in der Seele, für den die seelisch-körperliche Wahrnehmung entwickelt werden muss.
Das bedarf Geduld und die will ich aufbringen. Gehe ich ungeduldig darüber hinweg, so erscheint schnell alles wertlos und ich komme aus dem Tritt.

Alles in Gottes Hände legen

… „Und wenn keinerlei äußere Ruhe zu erreichen ist, wenn man keinen Raum hat, in den man sich zurückziehen kann, wenn unabweisliche Pflichten eine stille Stunde verbieten, dann wenigstens innerlich für einen Augenblick sich gegen alles andere abschließen und zum Herrn flüchten. Er ist da und kann uns in einem einzigen Augenblick geben, was wir brauchen.

So wird der Rest des Tages weitergehen, vielleicht in großer Müdigkeit und Mühseligkeit, aber in Frieden. Und wenn die Nacht kommt und der Rückblick zeigt, dass alles Stückwerk war und vieles ungetan geblieben ist, was man vorhatte, wenn so manches tiefe Beschämung und Reue weckt:

Dann alles nehmen wie es ist,
es in Gottes Hände legen und
ihm überlassen.
So wird man in ihm ruhen können,
wirklich ruhen
und den neuen Tag wie ein neues Leben beginnen"[13].

Im Sterben

Wir sind nicht allein auf der Welt. Immer sind da auch andere, die genau wie wir einen wertvollen Beitrag leisten. Es ist daher unsere Aufgabe, in Kooperation zu arbeiten. Mit allen, die sich engagieren und etwas beitragen wollen. Unsere Aufgabe besteht nicht darin, die anderen zu verdrängen. Jeder soll und darf seinen Platz haben. Was bringt es, wenn wir anderen ihren Platz streitig machen? Was bringt es, wenn wir mehr als unseren Platz für uns beanspruchen und dann doch alles zurücklassen müssen? Niemandem soll und darf durch uns etwas weggenommen werden.

Wir müssen ganz genau auf den Willen der Menschen hören, auch derer, die im Sterben liegen. Wir dürfen ihnen ihre Würde nicht nehmen. Und wir müssen auf die Angehörigen, Familien, Ehrenamtlichen und Nachbarn hören und dürfen nur so viel tun, wie nötig ist, damit die Würde aller gewahrt wird.

Es ist uns wichtig, denn wir sind der Meinung, dass jeder Mensch im Sterben und im Tod (genauso wie im Leben) seinem Schöpfer gegenübertritt. Dieser will sich zeigen wie ein Lichtstrahl aus der Ewigkeit, der in jedem Augenblick in unser Leben fallen will und kann, noch beim allerletzten Atemzug.

Durch alle Erfahrung, durch die fachliche, pflegerische und palliative Behandlung, aber mehr noch durch die menschlichen Begegnungen, mit denen wir tröstend in den Familien wirken und dazu beitragen können, dass die Ängste nachlassen und Gelassenheit und Frieden eintreten, können wir hoffentlich Menschen zu dem helfen, was wir alle eigentlich jeden Tag tun können und sollten: die Augen öffnen für das göttliche Licht.

Jeder Augenblick ist ewig,
wenn du ihn zu nehmen weißt.
Ist ein Vers der unaufhörlich
Leben, Welt und Dasein preist.

Alles wendet sich und endet
und verliert sich in der Zeit.
Nur der Augenblick ist immer.
Gib dich hin und sei bereit!

Wenn du stirbst, stirbt nur dein Werden.
Gönn ihm keinen Blick zurück.
In der Zeit muss alles sterben,
aber nicht im Augenblick[14].

Was ist Spiritualität?
(„Spiritual Care" 1)

Neulich fragte mich jemand, während er mich gleichzeitig gebeten hatte, für ihn eine Bescheinigung einzuscannen, und nachdem er mir gesagt hatte, wann er wieder wegmüsse, was ich davon halte, dass er aus der Kirche austreten will. Es war ein sehr schwieriges Gespräch, auch weil ich gleichzeitig mit meinem Computer beschäftigt war, und ich habe erst nach dem Gespräch richtig begriffen, dass dieser Mensch mich vor allem provozieren wollte. Was ich damit sagen will: Nicht immer passen die Gelegenheit, die jeweils verwendete Sprache und die geäußerten und tatsächlichen Absichten der Sprecher zusammen. Nicht jede Kommunikation über Spiritualität kann glücken.

Meiner Meinung nach ist mit dem Wort „Spiritualität" etwas Ähnliches gemeint wie mit den in Verruf geratenen Worten „Frömmigkeit" und „Glaube". Frömmigkeit wird heute vielfach in Verbindung gebracht mit etwas zu Bravem und Unterwürfigem und bei Glauben denken wir sehr schnell an „glauben an" und sehen dann einen alten Mann mit weißem Bart vor uns. Dabei wird Gott selbst in der Bibel nicht als Mann mit weißem Bart beschrieben (eher Zeus in der griechischen Mythologie). In dem Wort Spiritualität sehen wir heute am ehesten das zum Ausdruck gebracht, was auch die beiden anderen Worte in ihrer ursprünglichen Bedeutung meinen: Der Mensch ist ein geist-haftes Wesen („Spiritus" kommt von lateinisch „Geist"), welches im innersten seiner Seele geöffnet ist auf die göttliche Dimension hin. Die Erfahrung dieser göttlichen Dimension, letzten Endes Gottes, wird dem Menschen im Laufe seines Lebens immer wieder geschenkhaft zuteil.

Spiritualität ist etwas, was uns geschenkt wird, für das wir aber auch aktiv die Augen unserer Seele offen halten müssen. Es ist jedem jederzeit möglich, das „Gerede über diesen ganzen Mist" als leeres Geschwätz abzutun und sich ausschließlich auf die materielle Dimension der Dinge zu konzentrieren. Genauso ist es allerdings auch möglich, in jedem Ding eine göttliche Dimension wahrzunehmen (Ignatius von

Loyola sagt: Gott in allen Dingen finden). Die alte deutsche Mystik (Meister Eckhart, Johannes Tauler, Heinrich Seuse) spricht daher vom „Seelenfünklein" oder „Seelengrund" und meint damit, dass in jeder menschlichen Seele die göttliche Dimension wie ein Fünklein, wie ein Lichtstrahl aus der Ewigkeit vorhanden ist und Gott am Grunde der menschlichen Seele wohnt. Dem Menschen, der über seine Seele mit der göttlichen Dimension verbunden ist, ist damit auch die Möglichkeit gegeben, Gott in allen Dingen zu finden.

Übung: Wir setzen uns aufrecht, Wirbelsäule aufrecht, Kopf aufrecht, nicht nach oben gehoben, der Blick ruht auf dem Boden, etwa 1½ m vor uns. Wir konzentrieren uns auf den Atem, ohne diesen zu verändern. Aufkommende Gedanken lassen wir ziehen, wie wir Fische in einem Aquarium vorbeischwimmen lassen und konzentrieren uns nur auf den Atem. Dies führt zu körperlicher Entspannung und in der Folge auch zu seelischer Ruhe.
Der Hebräer spricht davon, dass Gott bei der Schöpfung dem Menschen den Lebensatem (in Verbindung mit dem göttlichen Geist „ruach") durch die Nase eingeblasen hat. Wenn den Menschen das Leben verlässt, so sprechen wir von seinem letzten Atemzug. Insofern sind Atem und Leben gleichzusetzen und im Atem ist die Verbindung zum göttlichen Lebensatem immer gegeben. Die Konzentration auf den Atem ist eine uralte Meditationsübung und kann uns im stressigen Alltag helfen, uns mit unserem göttlichen Urgrund zu verbinden.
Auf den eigenen Atem können wir achten, wenn wir den einen Klienten aus unserem Büro entlassen und der nächste schon vor der Tür steht, in der einen Sekunde, wo wir die Türklinke halten. Oder, wenn das Telefon pausenlos klingelt, bevor wir den Hörer wieder abnehmen, atmen wir zwei- oder dreimal ruhig und gelassen. Oder in der ambulanten Pflege, wenn wir von einem Termin zum nächsten hetzen: Wenn wir den Zündschlüssel ins Schloss stecken, atmen wir zwei- oder dreimal und verbinden uns mit unserer Mitte, bevor wir den Motor anlassen.

Glaubend sterben?
(„Spiritual Care" 2)

Obwohl wir uns im Umfeld von Sterben und Tod gern mit „Spiritual Care" beschäftigen, bin ich dennoch der Ansicht, dass es keine Spiritualität des Todes, sondern nur eine Spiritualität des Lebens gibt. So, wie der Mensch in allen Dingen eine göttliche Dimension finden kann, so kann er auch an und in den Grenzen seines Lebens diese göttliche Dimension finden. Grenzen haben wir alle jeden Tag: Unsere Zeit ist begrenzt, die Menschen, mit denen wir privat und beruflich zu tun haben, sind diese und keine anderen, wir haben nur bestimmte materielle Ressourcen, sind in einem bestimmten Land geboren, leben und arbeiten in einer bestimmten Stadt usw. Alle diese Dinge sind einerseits unsere Möglichkeiten, auf der anderen Seite auch unsere Grenzen, welche sich schwer bis gar nicht ändern lassen. Wir könnten am Vorhandensein unserer Grenzen leiden oder auch verzweifeln. Ich glaube, dass Verzweiflung im Letzten darin besteht, dass wir die Dinge nur als materiell betrachten und die ihnen innewohnende Unendlichkeit nicht wahrnehmen. Wir haben es aber, und das ist der Spiritualität eigen, in unserer Hand und es ist unsere Entscheidung, ob wir auf dem Grunde der Dinge und damit auch auf dem Grunde unserer je eigenen Grenzen Unendlichkeit und eine göttliche Dimension wahrnehmen wollen.

Dasselbe gilt für den Tod: Auch er ist eine Grenze, mit der wir unweigerlich konfrontiert werden. Ich kannte einmal einen Jesuitenpater, welcher im Rahmen seiner Seelsorgetätigkeit in einem lateinamerikanischen Land vom Militärregime inhaftiert worden war, und wegen seiner Tätigkeit monatelang gefangen gehalten und auch gefoltert wurde. Ein Teil der ihm widerfahrenen Gewalt bestand darin, ihn über Wochen und Monate in einem dunklen und engen Loch einzusperren, in dem er sich fast nicht bewegen konnte. Er beschrieb diese Zeit als die schrecklichste aber auch gleichzeitig gnadenhafteste seines gesamten Lebens, denn in dieser Situation äußerster Begrenztheit und der ständigen Erwartung des Todes wurde ihm eine Intensität des Gebetes geschenkt, welche er vorher nicht kannte. Im Dunkel dieses Gefängnis-Loches durfte er erfahren, dass er von Gott gehalten ist und die Nähe der Unendlichkeit Gottes ihm Freiheit schenkt. Auch hinter dem Bild des gekreuzigten Jesus von Nazareth, wir nennen ihn Sohn Gottes, steckt die gleiche Botschaft: Auf der einen Seite war der Tod am Kreuz die bitterstmögliche und qualvollste Strafe, welche die Römer seinerzeit verhängen konnten und die Kreuzigung ist ein Fanal von Grausamkeit und Quälerei. Auf der anderen Seite schwingt darin ein für uns Menschen in Worten nicht zu beschreibendes und zeitlebens nicht zu durchschauendes Geheimnis mit: dass sich im Tod die Nähe Gottes offenbart und Gott uns begegnet. Unter anderem deswegen sprechen wir auch von Auferstehung.

Die Frage „Wie viel Leid oder Tod verträgt der Mensch?" ist natürlich eine theoretische. Niemand von uns wird jemals wissen, wie viel er selber zu leiden und zu ertragen in der Lage sein wird. Die es wissen und uns sagen könnten, kehren nicht zu uns zurück. Dennoch lässt sich auf Basis des bisher Gesagten wohl sagen: Einerseits ist die menschliche Leidensfähigkeit begrenzt und es kann bei einem Menschen nicht immer noch mehr Leid oben mit darauf geladen werden. Eine enge Abfolge immer weiterer Schicksalsschläge und Todesfälle in der eigenen Familie oder im Bekanntenkreis oder beruflichen Umfeld sind eine schwere Belastung und können Menschen zerbrechen lassen. Andererseits ist der Mensch im Prinzip in der Lage, unendlich viel Leid zu ertragen, wenn er die innere Gelassenheit findet, welche ihm zugänglich ist, wenn er sich der Dimension der Unendlichkeit öffnet.

Das Zeichen des Kreuzes kann natürlich als Erkennungssymbol des Christentums und als das Kreuz, an dem Jesus zu Tode gefoltert wurde, gesehen werden. Man kann in den beiden gekreuzten Balken allerdings auch ein Symbol der Verschränkung von materieller und göttlicher Wirklichkeit erkennen: Der eine horizontale Balken steht für die irdische, materielle und greifbare Wirklichkeit, der andere, ihn kreuzende vertikale Balken für die spirituelle Dimension, welche in jedem materiellen Ding und unserer irdischen Wirklichkeit überall durchkreuzend vorhanden ist.

Die Bedeutung der Kirche für Spiritualität ("Spiritual Care" 3)

Spiritualität kann jeder Mensch nur für sich selber pflegen und leben. Nur, wenn ich selber meine Augen für die göttliche Dimension des Lebens öffne und mich von dieser Tatsache so berühren lasse, dass sie mich in meinen Innersten erfüllt und prägt, wird meine Spiritualität eine authentische. Niemand kann mir diese Entscheidung abnehmen, niemand kann mir wirklich dabei helfen, mich auf die bergende und kraft-gebende Nähe Gottes einzulassen und mich von ihr berühren zu lassen. Wir können also unser Schimpfen über die real existierende Kirche, den Priestermangel und zeitlich oder persönlich überforderte oder unzulängliche Seelsorger einstellen. Wir sind auf sie nicht angewiesen. Das, worauf es ankommt, kommt nicht von der Kirche, kommt nicht von anderen, sondern ist uns unmittelbar zugänglich und wird uns gnadenhaft geschenkt. Es besteht überhaupt kein Mangel. Die eine unendliche Quelle unseres Lebens ist immer da. Hier und jetzt. Unendliche Fülle nährt uns.

Andererseits brauchen wir Menschen, mit denen wir sprechen können. So wie jetzt: Ich muss mich in Austausch mit einem Gegenüber begeben, der mir hilft, meinen eigenen Lebensweg wie im Spiegelbild zu sehen, mich auszurichten. Ich will erleben, dass ich nicht alleine bin. Ich will wissen, dass meine Erfahrungen auch andere machen, die mich bestärken und mich auf meinem Weg begleiten können. Daher brauche ich Kirche auf jeden Fall und ganz unbedingt. Kirche ist Gemeinschaft der Glaubenden. Spiritualität kann nur im Wechselspiel zwischen Einsamkeit und Gemeinschaft gelingen.

Dennoch: ich selber muss den Mut aufbringen. Ich muss anfangen. Ich muss bereit sein.

Spiritual Care in der Organisation („Spiritual Care" 4)

Die folgenden Thesen basieren auf der Grundannahme, dass die Einführung von „Spiritual Care" zwar auch ein Organisationsentwicklungsprozess ist, welcher von der obersten Leitung gewollt und mit den Führungskräften abgestimmt, in Koordination mit einem interessierten Projektteam systematisch einzuführen ist.

Andererseits kann und will ich als christlicher oder religiöser oder spiritueller Mensch nicht auf irgendeinen Prozess warten, der irgendwann vielleicht in etlichen Jahren Früchte tragen wird. Ich bin ein spiritueller Mensch und ich bin es hier und jetzt. Was kann ich auf dieser Basis im Rahmen meiner täglichen Arbeit leben?

Wir können und sollten uns der Würde unserer eigenen Arbeit deutlicher bewusst werden. Jesus war einer, der auf die am Rande der Gesellschaft zugegangen ist: auf die Zöllner, Sünder, die Kranken, Gelähmten, von Dämonen besessenen, die Prostituierten, die Ausländer. Indem er sich vorbehaltlos auf die Seite dieser Menschen stellte, war für diese die wunderbare Erfahrung möglich, dass sich jemand außerhalb ihrer bisherigen Wirklichkeit auf ihre Seite begab. Wenn wir es zulassen, dann können wir für die Menschen, mit denen wir jeden Tag arbeiten, so eine ähnliche Rolle spielen. Wir können zulassen, dass durch uns hindurch die göttliche Dimension in allen Dingen für Menschen in Not spürbar wird.

Wer sind wir füreinander im Team? Wir wissen alle, dass der Arbeitgeber zwar viele Sonntagsbekenntnisse für ein familienfreundliches Unternehmen abgeben kann und auch stark in der Pflicht steht, Mitarbeitern, die aufgrund familiärer Probleme Schwierigkeiten mit der Erbringung ihrer Arbeitsleistung haben, so entgegenzukommen, dass diese die richtige Balance zwischen Beruf und Familienleben hinbekommen. Dennoch liegt die Hauptlast der Familienfreundlichkeit auf uns Kollegen: Wenn eine Mitarbeiterin aufgrund der Krankheit eines Kindes oder anderer familiärer Verpflichtungen nicht zur Arbeit kommen kann, oder erst später, so bin zunächst ich als Kollege/Kollegin in der menschlichen Pflicht, einzuspringen und insoweit ihr zunächst ihre Last zu nehmen, um evtl. später auch einmal von meinen Kollegen so unterstützt zu werden.

Das, was auf dieser Ebene der gegenseitigen Unterstützung gilt, die wir nötig haben, um ein gutes Team zu sein, gilt auch auf Ebene der Spiritualität: Wenn ich zum richtigen Zeitpunkt mit der richtigen Sprache das Thema Spiritualität einbringe, so kann mein Kollege oder meine Kollegin spüren, dass ich bei mir und bei ihm tiefer sehe, als es normalerweise üblich ist und wir können uns beide als ganze Menschen gesehen fühlen. Es liegt auch an uns, welches Klima der Zusammenarbeit wir im Grunde wollen und ob wir als ganze, als spirituelle Menschen miteinander da sein wollen.

Wie gehen wir mit Fehlern um? Fehler machen wir alle. Das ist durch nichts zu verhindern. Ein blindes Leiden unter dem eigenen Perfektionismus bringt mich und meine Kollegen nicht weiter. Auch saloppe Sprüche wie: „Fehler darf man machen, aber nicht zweimal" helfen nicht wirklich zu einem fehler- und damit menschenfreundlichen Klima.

Mit Fehlern richtig umzugehen fängt bei mir selber an. Bin ich in der Lage, mich mit meinen Fehlern und den Seiten, die nicht schön sind, anzunehmen? Bin ich – mit meinen Fehlern! – in der Lage, die Stimme des liebenden Gottes an mich heranzulassen, der zu mir spricht: „Ich habe Dich bei Deinem Namen gerufen, Du bist mein"? Erst wenn ich nicht selber gezwungen bin, mich mit meinen Schwächen anzunehmen, sondern mich mit meinen Schwächen, Fehlern und dunklen Seiten von einem Dritten, von Gott angenommen weiß, kann ich meinen Frieden mit mir und meinem Leben machen und zu einer integrierten Persönlichkeit werden. Erst als integrierte Persönlichkeit bin ich auch auf dem

Grunde meines Herzens dazu in der Lage, die Fehler, Schwächen und dunklen Seiten meiner Kollegen und Bekannten anzunehmen.

Was motiviert mich im Grunde meines Herzens wirklich, zu helfen? Ist es das Geld, was ich bekomme? Ist es der Beruf, den ich erlernt habe, und der ausgeübt werden muss, weil ich keinen anderen habe? Warum bin ich eigentlich für einen Anderen da und diene nicht nur dem eigenen Interesse? Gibt es nicht auf dem Grund unseres Selbsts etwas wie eine grundsätzliche Bereitschaft, uns berühren zu lassen von jemand außerhalb unseres Selbsts? Sind wir nicht im Grunde deswegen für Andere da, weil wir wissen, dass uns selbst Unendlichkeit geschenkt ist und wir diese weitergeben dürfen?

Was ist gute Führung? Es ist sicherlich nicht damit getan, dass wir ins Leitbild schreiben, wir seien ein christliches Unternehmen oder eine Stabsstelle Pastoral oder Spiritualität einrichten, welche künftig den Auftrag hat, Spiritualität ins Unternehmen zu implementieren. Das sollte schon weitergehen. Als Führungskraft für die Christlichkeit des Unternehmens einzustehen bedeutet mindestens eine eigene Form der Spiritualität zu pflegen und unmittelbar und integriert in die eigene Tätigkeit einzubringen. Bedeutet, zu mir zu stehen und mich mit meinen Schwächen anzunehmen und zu zeigen, aber auch die Fehler der Kollegen und Kolleginnen anzunehmen und vorzuleben, dass Christlichkeit nicht dann aufhört, wenn es schwierig wird, sondern dann eigentlich erst beginnt.

Eine kleine Hilfe für den Alltag:
dieser kleine Vers

„'Gott, komm mir zur Hilfe; Herr, eile, nur zu helfen.'
Dieser kleine Vers wurde nicht umsonst aus dem gesamten Rüstzeug der Heiligen Schrift ausgewählt. Er nimmt alle Affekte auf, die an die menschliche Natur herantreten können, und passt ganz vortrefflich zu jedem Anlass und allem, was gegen uns anstürmt. Er hat in sich die Anrufung Gottes in allen Gefahren, die Demut des ehrfürchtigen Gotteslobs, die Wachsamkeit der Sorge und der immerwährenden Furcht; den Blick auf die eigene Zerbrechlichkeit; die Zuversicht, von Gott geführt zu werden; das Vertrauen, dass ihm immer ein Schutz hilfsbereit zur Seite steht. Wer nämlich seinen Beschützer beständig anruft, ist sich sicher, dass er immer gegenwärtig ist. (…)
Unaufhörlich sollen wir das Gebet dieses kleinen Verses strömen lassen; im Unglück, damit wir ihm entrinnen; im Glück, damit wir nicht überheblich werden. Unablässig lasse in deinem Herzen das Nachsinnen über diesen Vers hin und her wogen. Höre nicht auf, ihn bei jeder Arbeit, in jeder Aufgabe, auch wenn du unterwegs bist, vor dich hin zu singen. Sogar wenn du schläfst, beim Essen, oder wenn dein Körper sein Recht einfordert, zu verdauen und auszuscheiden, pflege diesen kleinen Vers. Wenn du diesen Vers unablässig in deinem Herzen sich bewegen lässt, wird er dir zu einem Rettungsanker, der dich nicht nur unverletzt vor jedem Ansturm der Dämonen bewahrt, sondern dich auch von allen Lastern, mit denen du dich in der Welt angesteckt hast, reinigt. So wird er dich hindurchgeleiten zu jener himmlischen Schau, die mit leiblichen Augen nicht gesehen werden kann. Er wird dich hinreißen zu jener unaussprechlichen Glut des Gebetes, die nur von sehr wenigen erfahren wurde. (…)"[15]

Weltweite Bedrohungen
(zerbrechliche Welt 1)

Wenn ich über unsere Welt nachdenke, dann scheint sie mir manchmal nicht mehr nur zerbrechlich, sondern vielmehr zerbrechend[16] und es gibt vieles was mich beunruhigt an unserer Welt. Ich habe hier ein paar Punkte herausgegriffen:

Da sind *Umweltzerstörung* und Klimakatastrophe, durch die große Landstriche unserer Welt unbewohnbar werden durch Versteppung, durch Überschwemmung. Viele Tier- und Pflanzenarten sterben für alle Ewigkeit, es wird sie nie wieder geben. Dass so viele Flüchtlinge nach Europa und nach Deutschland wollen, liegt an diesen Klimaveränderungen und den damit verbundenen Kriegen. Das erlebe ich als ein Zerbrechen unserer Welt.

Warum ist das so? Dahinter stehen ganz offensichtlich – das ist nicht meine Erfindung, das kann man an vielen Stellen nachlesen – wirtschaftliche Interessen und manchmal habe ich den Eindruck, dass der Markt zu einer neuen Religion geworden ist[17]. Wenn wir darüber nachdenken, was das Leben der vielen Milliarden Menschen auf unserem Planeten und auch unser Leben bestimmt: Da steht an allererster Stelle der große globale Markt, der immer schneller wird. Alles ist käuflich, das ist das oberste Dogma des Marktes, der fast wie eine Religion auftritt. Alles ist käuflich, alles muss immer verfügbar sein, alles für jeden Menschen immer da. Als Wirklichkeit gibt es nur die Werbewelt und das, was sich mir anbietet, was ich haben möchte. Die schwierigen Themen des Lebens spielen in der Welt des großen *„totalen Marktes"* keine Rolle mehr. Tod, Schmerzen, Leiden, die sind nicht interessant, die werden nicht angeboten und auch nicht gezeigt, die will man ja auch gar nicht kaufen, man will es eigentlich nur schön haben und den unangenehmen Themen ausweichen.

Der totale Markt fördert, dass sich jeder vor allem um sich und seine eigenen Interessen kümmert und wir insgesamt egoistischer werden. Es ist zunehmend so, dass unsere *Gesellschaft in Gruppen zerfällt*. Gruppen, die sich untereinander gut verstehen, aber sich von anderen außerhalb ihrer eigenen Kreise bedroht fühlen. Dahinter mag unbewusst die Angst vor der zerbrechenden und immer komplexer werdenden Welt stehen, der man wohl nur begegnen kann, indem man sich innerlich und als gesellschaftliche Gruppe gegen die da außen abschließt. Bestimmte Parteien, von denen man in Deutschland lange gedacht hatte, dass es sie bei uns nicht mehr geben wird, gewinnen erstaunlich viele Wähler. Warum? Sicher nicht nur wegen ihrer rechten Inhalte, sondern auch, weil ihre Wähler zeigen wollen: ich bin im Protest; mit der Not und dem Rest der Welt will ich nichts zu tun haben. Es ist wieder in, schmutzige Ausdrücke zu verwenden und damit ganze Menschengruppen zu bezeichnen. Es ist leider bei uns wieder in, zu sagen: Deine Not geht mich nichts an und ich bin stolz darauf, egoistisch zu sein. Leider erleben wir in unserer Gesellschaft auch eine abgehobene Politik. Nicht nur, denn es gibt auch wirklich gute Politiker; aber dennoch ist es leider so, dass Politik den Eindruck vermittelt, sich für die wirklichen Sorgen der Menschen nicht zu interessieren und die Spaltung in der Gesellschaft wird dadurch eher größer.

Man könnte noch viel mehr aufzählen, aber dies sind für mich drei Beispiele einer zerbrechlichen Welt: Klimaveränderung, der totale Markt und die zunehmende Spaltung unserer Gesellschaft.

Unsere globale Verantwortung
(zerbrechliche Welt 2)

Es ist nicht so, dass Klimaveränderung, totaler Markt und gesellschaftliche Spaltung irgendwo außerhalb geschehen und mit uns nichts zu tun haben. Wenn wir über unseren Teil an Verantwortung daran nachdenken, dann werden wir wohl feststellen, dass wir nicht unschuldig an diesen Entwicklungen sind. Hinter diesen Entwicklungen stehen (das ist nicht nur mein eigener Gedanke, sondern das sagt Papst Franziskus[18]) die alten menschlichen Ursünden: die Habgier, das Bedürfnis Macht zu haben und das Ausleben von Trieben.

Dass die Klimakatastrophe da ist, das erkennen wir leicht. Aber wenn es um die Verantwortung dafür geht, dann schieben wir kleinen Menschen hier das gern auf die Industrie, die großen Konzerne und die Politiker. Aber Industrie und große Konzerne würden das, was sie tun, nicht machen, wenn wir als Kunden das nicht haben wollten, was sie produzieren. Die Autoindustrie, das sind wir, die wir die Autos haben wollen. Textilindustrie, das sind wir, die wir diese Textilien haben wollen. Die Elektroindustrie, das sind wir, die wir den schönen neuen Fernseher haben wollen, den neuen Computer und das neueste Handy. Immer stehen wir dahinter. Letztlich mit unserer *Habgier*.

Dass der Markt eine solche Macht entfaltet, dass es fast nichts mehr gibt neben dem ständigen Diktat durch Werbung und durch Konsumgüter, liegt wohl auch an uns. Weil wir nicht zufrieden sind mit dem, was wir haben, weil wir jederzeit alles verfügbar haben wollen: Ein Urlaub und noch ein Urlaub und noch ein Urlaub, und nochmal schöne neue Kleider und noch ein größeres Auto, noch ein schöneres Haus, es muss immer was los sein. Langeweile aushalten wollen wir lieber nicht, mit den dunklen Seiten unseres Lebens wollen wir lieber nichts zu tun haben. Lieber gehen wir nochmal schön essen oder ins Kino oder fliegen übers Wochenende nach Rom oder Paris.

Und dass unsere Gesellschaft immer mehr zerbricht und Egoismus immer mehr zunimmt, hat das wirklich nichts mit uns zu tun? Oder müssen auch wir uns fragen, wie sehr wir dazu beitragen, indem wir uns auf unsere kleine Welt zurückziehen und keine Verantwortung mehr für das Gesamte übernehmen wollen? Wenn jeder sich nur mit seinen Bekannten und Freunden unterhält und sagt, ich möchte nur mit denen zusammenbleiben, mit denen ich mich gut verstehe, und wenn jeder sich da, wo es ein bisschen schwierig wird, zurückzieht, dann zerfällt unsere Gesellschaft in Gruppen.

Das alles ist keine gute Entwicklung. Es bedroht letzten Endes unseren ganzen Planeten, die ganze Menschheit und das gesamte Leben auf dieser Welt, wie wir sie kennen. Wir sind nicht allein verantwortlich, aber jeder trägt seinen Teil negative Verantwortung mit.

Wir sind nicht die ersten mit diesen Erfahrungen und Gedanken. Im sogenannten „Tränenbrief" spricht der Apostel Paulus zu seiner geliebten korinthischen Gemeinde in einer für ihn sehr schwierigen Situation[19]. Paulus sieht sich verfolgt und hat mit vielen widrigen Umständen zu kämpfen in einer Zeit, die sich so ähnlich angefühlt haben muss wie unsere heute.

Paulus schreibt an seine Gemeinde: Von allen Seiten werden wir in die Enge getrieben und finden doch noch Raum. Wir werden gehetzt und sind doch nicht verlassen. Wir werden niedergestreckt und doch nicht vernichtet. Wohin wir auch kommen, wir tragen das Todesleiden Jesu an unserem Leib. Wir wissen, dass er, der Jesus, den Herrn aufgeweckt hat, auch uns mit Jesus auferwecken wird, zusammen mit Euch.

Paulus, der sich verfolgt sieht, der unter der Welt wie sie ist leidet, sagt: obwohl wir verfolgt und in die Enge getrieben werden, geben wir dennoch nicht auf. Er spricht also von einem Geist des Widerstands und von einem Geist des Mutes. Und er spricht davon, dass Gott, der Vater Jesu Christi, uns auf den Leib geschrieben ist und uns nicht verlässt.

Ich glaube, beides gilt auch für uns heute angesichts einer zerbrechlichen Welt.

Das eine ist, dass auch wir aufgerufen sind zu Widerstand und Mut. Das andere ist, dass unser Gott, der Vater Jesu Christi, uns nicht verlassen wird.

Zunächst zum Widerstand: gefragt sind Engagement und Courage. Mut, den schlimmen Entwicklungen, in denen unsere Welt sich befindet, etwas entgegenzusetzen.

Wenn sich die Welt immer mehr in die Klimakatastrophe bewegt und das an unserer Habgier liegt, dann liegt es an uns, gegen die Habgier in uns selbst Widerstand zu leisten. Brauchen wir wirklich noch einen Urlaub und noch einen, brauchen wir wirklich das neue Auto, brauchen wir wirklich schon wieder neue Kleider? Brauchen wir die Plastiktüte? Müssen wir in unserem Haus nur Plastik einbauen oder gehen auch ökologische Sachen? Müssen wir immer das Allerbilligste einkaufen? Ist Geiz wirklich geil? Können wir mal gönnen? Können wir mal bei dem Händler vor Ort kaufen, der vielleicht ein bisschen teurer ist und ihm den kleinen Gewinn gönnen, damit er auch morgen noch da ist? Können wir verzichten auf etwas, von dem wir denken, dass wir es unbedingt brauchen? Können wir etwas geben? Können wir Geld geben, können wir spenden für irgendein sinnvolles Projekt, zum Beispiel in der dritten Welt? Oder können wir etwas geben, was viel wertvoller ist? Können wir Zeit schenken? Jemandem, der Zeit braucht, Zeit eines Menschen, der sich ihm zuwendet.

Wenn uns der große Markt ständig die Botschaft gibt: alles ist käuflich und wenn Du irgendetwas haben möchtest, kauf es Dir, dann bist Du glücklich: können wir diesem verführerischen Gefühl Widerstand leisten und auf das schauen, was unangenehm und was nicht käuflich ist? Können wir Langeweile, Schmerzen und Leiden zulassen, aushalten und annehmen? Können wir da, wo der Tod droht, wo Menschen im Sterben sind, hinschauen und da sein für die, die leiden? Können wir gegen die Verführung, dass es immer Neues braucht, was es dann zu kaufen gibt, einfach Langeweile aushalten? Auch aus Sicht des Papstes geht es genau darum: Die Langeweile auszuhalten, Beziehungen nicht einfach wegzuwerfen, der Habgier im eigenen Herzen zu widerstehen und zu schenken, zu spenden, Zeit zu spenden, damit wir Menschen unsere Würde und innere Freiheit wiederfinden.

Gegen das Auseinanderbrechen der Gesellschaft kann man etwas tun, indem man sich nicht zurückzieht zu immer nur denen, die genauso denken wie man selbst, sondern indem man tatsächlich mit denen spricht, die anders denken, und sich traut, die eigene Meinung zu sagen. Jemand hat mal gesagt, die Kirche neige dazu, sich abzukapseln und sich immer enger zu machen, sie sei „Glück im Container"[20]. In ihr träfen sich nur noch die, die sich darin wohlfühlen und die der Welt draußen ausweichen. Sehr provokativ, ich weiß. Neigen wir bei der Kirche nicht alle dazu, einfach unser wöchentliches Programm durchzuziehen, solange uns niemand aufscheucht? Papst Franziskus sagt, als Kirche haben wir eine Verantwortung für die Welt, in der wir leben (wörtlich: „Mir ist eine ‚verbeulte' Kirche, die verletzt und beschmutzt ist, weil sie auf die Straßen hinausgegangen ist, lieber, als eine Kirche, die aufgrund ihrer Verschlossenheit und ihrer Bequemlichkeit, sich an die eigenen Sicherheiten zu klammern, krank ist."[21]) Wir müssen der Welt die Wahrheit zumuten und dafür müssen wir mutig sein. Denn die Wahrheit kann anderen Schmerzen bereiten oder wehtun; sie können beleidigt sein oder ärgerlich. Aber es ist unsere Aufgabe, die Wahrheit zuzumuten.

Als Christen sind wir gefordert, in einer zerbrechlichen Welt aufzustehen, Widerstand zu leisten und mutig zu sein, nicht zu allem Ja und Amen zu sagen.

Die Kraft finden, in Verantwortung zu gehen (zerbrechliche Welt 3)

Paulus spricht davon, dass Gott, der Vater Jesu Christi, uns nicht verlassen wird.

Viele denken, man wird die Kraft nicht finden, Widerstand zu leisten und mutig für eine bessere Welt einzutreten, wenn man nicht etwas hat, das einem im Inneren Kraft gibt. Wir Christen glauben daran, dass es letztlich Gott ist, der uns Kraft geben kann. Aber diese Kraft werden wir nur spüren, wenn wir auch spüren: Gott ist wirklich da, in unserem Leben. Wie es in der Bibel heißt: das Reich Gottes ist mitten unter uns ist. Sonst werden wir die Kraft zum Widerstand nicht aufbringen.

Wir Christen sagen, dass Gott ein Du ist, zu dem wir sprechen und zu dem wir beten können. Wir nennen ihn den dreieinen Gott in drei Personen Vater, Sohn und Heiliger Geist. Aber die wenigsten von uns erleben in ihrem Alltag eine große Vision, in der der Vater, der Sohn und der Heilige Geist einfach da stehen und es keine Zweifel mehr gibt. Wenn wir darauf warten, warten wir vielleicht sehr lange, dass Gott in unserem Leben auftaucht.

Es liegt an uns selbst, die Augen unseres Herzens zu öffnen und genauer zu schauen, wo Gott in unserem Leben ist. Der Theologe Karl Rahner hat gesagt: Gott wird in der Bibel nicht nur menschlich beschrieben als Personen, sondern auch als das Geheimnisvolle, als der göttliche Geist, der sich uns zeigen will, als Licht im Dunkeln. Karl Rahner bezeichnet Gott gerne als das „Heilige Geheimnis". Und als etwas, was im Leben von jedem von uns erfahrbar sein kann, wenn wir die Augen der Seele dafür öffnen. Es liegt an uns, ob wir die Augen für die Nähe Gottes öffnen oder nicht.

Wir können unsere Augen für die Gegenwart Gottes am besten öffnen, wenn es ruhig ist, im Gebet. Das ist vielleicht auch ein Motiv, warum wir in die Kirche gehen: um einen geschützten Raum zu haben und uns für das Heilige Geheimnis zu öffnen. Vielleicht haben wir manchmal eine Ahnung davon, dass wir nicht alleine sind, sondern dass da jemand anderes ist, der zur Seele spricht: Du, ich habe Dich, so wie Du bist, bei Deinem Namen gerufen und Du bist mein. Ich lasse Dich nicht fallen. Ich bin bei Dir. Ich bin Dein Licht.

Das ist eine Erfahrung, die wir vielleicht manchmal machen können. Das ist die Nähe Gottes, wie sie sich uns zeigt. Wie er sich zeigen kann in unserem Leben, in unserem Alltag. Dieses göttliche Geheimnis, was da ist, wenn wir die Augen dafür öffnen.

Wenn wir daran glauben können, dass auf der anderen Seite wirklich jemand ist, der uns nicht fallen lässt, dann können wir daraus die Kraft schöpfen, um zu sagen, was wir wirklich denken. In Bescheidenheit und in Demut, aber in Klarheit, und darauf kommt es an. Es ist nicht damit getan, dass wir nur in unserem stillen Kämmerlein innendrin für uns die Religion genießen wollen und dann ist es gut. Sondern es kommt darauf an, dass wir aus uns herausgehen und Verantwortung übernehmen für unsere Welt und es aushalten, dass jemand danach vielleicht beleidigt ist, wenn wir gesagt haben, was zu sagen war. Aber wenn wir überzeugt und gerufen sind, es auszusprechen, sollten wir es wohl tun.

Wir sind auch gefragt, Schmerzen oder Leid anzunehmen und nicht davonzulaufen, sondern zu sagen, ich halte bei Dir aus. Ich gebe Dir Zeit und ich bringe die Geduld für Dich auf.
Wir sind auch aufgerufen, zuzulassen, dass durch uns hindurch noch jemand anderes wirkt, nämlich Gott, und er durch uns seinen Beitrag leisten will für diese Welt.
Wir sind gerufen, unsere Fehler und die der anderen anzunehmen, Heilung zuzulassen, Fünfe gerade sein zu lassen und ... zu lieben.

Ich weiß: Es ist nicht neu, was ich hier schreibe, überhaupt nicht. Kein einziger Gedanke davon. Alles das, was hier steht, findet sich zum Beispiel in den Äußerungen von Papst Franziskus – und in besseren Worten.

Es kommt aber gar nicht darauf an, dass irgendein Gedanke neu ist. Es kommt darauf an, dass wir das tun. Dass wir den Mut aufbringen und das tun. Jesus hat einmal gesagt: an ihren Früchten werdet ihr sie erkennen. Darauf kommt es an.

WIE WEITER?

Langeweile, Warten, Geduld

Wenn mal einen Moment lang nichts los ist, greife ich zum Smartphone und sehe nach, ob neue Nachrichten oder Mails für mich da sind. Falls nicht studiere ich die neuesten Schlagzeilen der Tagesschau. Ich weiß, dass ich damit versuche, meine Neugier zu stillen. Eine alte Ungeduld lässt mich dauernd nach Neuem gieren.
Habe ich freie Zeit, so räume ich auf, putze, mache Musik, schreibe, treibe Sport; viel zu selten lese ich. Am aller, aller seltensten setze ich mich hin mit einem Tee oder Wein und tue nichts. Seltsam, denn wenn ich an Glück und Freiheit denke, dann sehne ich mich genau nach diesem Nichtstun und einfachen Sein.
Langeweile halte ich kaum aus. Sofort fange ich an, etwas zu tun.
Wenn Gäste da sind, dann kann ich mit ihnen fast nie schweigen oder sein, sondern muss ständig etwas liefern, Gespräch oder Aktionen. Wenn meine Kinder da sind, fühle ich mich schlecht, wenn ich nichts „biete".
Woher kommt diese Minderbewertung des Nichtstuns und der Langeweile?

Schaue ich raus in den Garten, so fallen mir viele Dinge ein, die ich tun könnte, und ich bekomme einen inneren Druck, das sofort tun zu müssen, weil ich sonst ein Langweiler bin. Warum? Warum können diese Dinge nicht warten, und wenn es Jahre sind? Ob da eine Mauer ist oder nicht, ein neuer Strauch statt des alten: was wird dadurch „besser"? Wächst nicht auch so genug und von ganz allein?
Warum fällt mir das Warten so schwer?
Was ich mir jetzt sofort kaufe oder was ich jetzt sofort tue, ist dann zwar da oder getan, aber es hinterlässt mich leer, weil es nicht gewachsen ist.

Schaue ich raus in die Welt, so sehe ich, wie wir Menschen mit unserer Ungeduld, unserer Gier und unserem Alles-haben-müssen den Planeten zerstören. Mich erfasst dann ein Ekel vor uns und vor mir, weil ich genau so viel Verantwortung trage wie wir alle. Kann ich nicht ein wenig verzichten und mich ein wenig sinnvoller verhalten? Muss alles sofort sein? Muss ich alles haben, was möglich ist? Muss ich alles tun, was geht?

Warum kann ich nicht leben wie der alte Mönch in seiner Höhle oder Einsiedelei aus Natursteinen, und mit meiner täglichen Tasse Tee zufrieden sein? Oder wie der Pilger auf seinem Weg, mit den Blasen an den Füßen, den verschwitzten, zigmal gewaschenen Kleidern und dem kleinen Rucksack, der dankbar sein Brot mit Käse isst?
Dann würde der Planet nicht zugrunde gehen.

Ich halte es kaum aus, ruhig zu werden.
Sehe ich auf der einen Seite die Nachrichten über diese Welt und höre ich auf der anderen Seite den Ruf Gottes im Evangelium oder wo er zu mir sprechen will, so lässt es mir keine Ruhe und ich will sofort handeln. Halte ich die Spannung aus und atme ruhiger und tiefer und entspanne etwas, so merke ich Luft in meinen Lungen und Licht in meiner Seele und ich werde ruhiger.
Ich spüre Dankbarkeit für alles was ist, und wie es gekommen ist.
In diesem Moment werde ich geduldig und kann annehmen, was ist. Auch mich. Es ist dann alles gut. Auch ich, denn so bin ich, von Gott geschaffen und gewollt. Ich *bin* sein Geschöpf. Ich muss nichts mehr werden.

Eigentlich muss ich keine neuen Ziele erreichen.
Wie war es, als ich dieses oder jenes Ziel angestrebt habe? Vorher war es verführerisch und schien so viele neue Möglichkeiten zu beinhalten. Jetzt im Nachhinein wirken diese Ziele alle leer und neue Möglichkeiten zeigen sich nicht, ich vermute sie weiterhin in der Zukunft. Damit betrüge ich mich selbst.
Die Möglichkeiten, die ich woanders vermute, habe ich jetzt. Nichts fehlt. Ich muss die Augen dafür aufmachen, was jetzt alles geht. Es ist alles da, was ich brauche.

Vorsatz

Ich will keine Strohfeuer-Begeisterung mehr. Dazu bin ich schon zu alt geworden. Strohfeuer entstehen schnell, leuchten hell, finden sofort viel Aufmerksamkeit und vielleicht auch Beifall, und sind schnell ausgebrannt. Ihre Asche ist sehr leicht und verweht sofort. Nichts bleibt.

Mein Glaube soll fest sein wie altes knotiges Wurzelholz, wie Steine, die seit Jahrtausenden die glühende Hitze ertragen. Wie Schweiß eines alten Mannes, der das Leben kennt und seine Arbeit mit Bedacht tut und die nötigen Pausen einhält.

Ich will mir meiner Grenzen bewusst sein und meine Fehler zugeben. Ehrlich, und zu Misserfolgen stehen. Sonst würde ich mich selber leugnen, und das will ich nicht mehr.

Ich will zu mir stehen. Zu meinen Macken, meinen Fehlern, meiner krummen Geschichte, meinem Unvermögen bei so vielem.
Ich will lieber einen schönen Ton spielen, als eine namhafte Melodie mit vielen schnellen und falschen Tönen.
Ich will lieber mit der Hand den einen klebrigen Klumpen Ton formen, ohne zu wissen, was entstehen wird, als noch so viele gestochen scharfe Bilder fotografieren.

Ich weiß, dass Du, Gott, mich so und nicht anders geschaffen hast und ich will einfach nicht mehr vor mir oder Dir davonlaufen.

Ich will dem Leben und den Menschen dienen, so gut ich das kann, mit meinen Möglichkeiten und meinen engen Grenzen. Ich will nicht dem eigenen Ego dienen.

Alles was klar ist, ist einfach und das wahre Leben ist einfach.

Ich will mich einfach nicht mehr über mein schlechtes Gewissen packen und kontrollieren lassen. Die Leute sollen lieber mit mir streiten, als mir ein schlechtes Gewissen zu machen. Ich gehe lieber in die Verantwortung für mich, wie ich bin, als es mir in meinem schlechten Gewissen gemütlich einzurichten.

Ich will mich selber in meiner von Gott geschenkten Freiheit und Würde annehmen und zu mir stehen. Ich will auch dazu stehen, dass ich mich so, wie ich bin, als Geschenk einem anderen verdanke. Ich will zur eigenen Würde stehen.

Schluss mit dem Geiz!
Die Dinge sind uns gegeben, um Menschen damit zu helfen und sie glücklich zu machen.
Großzügigkeit bereichert meine Seele und die der Mitmenschen.
Ich will und kann anderen Gutes tun, ohne dass mir etwas fehlt. Ich kann wie Jesus in Kana – ohne dass es eine wirkliche Not gibt – Wasser in Wein verwandeln und Menschen helfen, ihr Leben als ein Fest wahrzunehmen, einfach so – weil es mehr Segen enthält.

Was bleibt

Wenn ich mal nicht mehr bin, dann bin ich nicht mehr. Dann sind Körper und Geist nicht mehr da. Ob meine Kinder sich gern an mich erinnern werden? Meine Enkel, meine Urenkel, meine Ururenkel? Kaum. Was meine Kollegen denken werden, meine Freunde, wenn ich einmal tot bin? Wie lange sie sich überhaupt an mich erinnern werden? Was wird aus unserem Haus? Andere werden darin wohnen und darin ihre eigene Geschichte schreiben und das gehört sich auch so. Die Dinge, die ich nun doch gesammelt habe, weil sie mir etwas bedeuten und mich an jemanden erinnern: für andere haben sie keine Bedeutung. Niemand weiß, wie lang es die Menschheit noch geben wird. Wir können uns nicht an die Stelle Gottes stellen und mehr sein als vergänglich, als Erde von der Erde.

Dennoch tragen wir eine große Verantwortung und müssen Spuren hinterlassen, wie wir von den Spuren anderer geprägt worden sind. Vor mir stehen mein Vater und mein Großvater und alle Männer und Frauen vor uns, die uns diese Welt hinterlassen haben mit all dem Guten und Bösen darin. Sie alle haben vor den wichtigen Fragen ihres Lebens gestanden und mussten sich entscheiden, wer sie sein wollten, gut oder böse, Menschen mit Ehre oder nicht. Sie haben diese Welt zu der gemacht, in der wir heute leben und in der wir wieder neu an den entscheidenden Punkten unseres Lebens entscheiden müssen, wer wir sein wollen. Und wer wir sind, das hat Folgen für die Welt, die anderen Menschen und Lebewesen, und für unsere Zukunft.

Wir sind nicht Gott, wir werden die Welt nicht als ganze verändern oder nicht. Wir werden ein wenig Gutes zu ihr beitragen oder ein wenig Böses. Das wird bleiben in der Gesamtheit dieser Welt.
Wir drücken uns in unseren Spuren aus, sie sind unser Erbe, das weiterwirken wird, wenn wir schon lange nicht mehr sind. In unseren Taten kann sich das Wirken Gottes oder das Wirken des Teufels zeigen. Beten wir und tun wir alles dafür, dass wir wenigstens etwas Heil in diese Welt hineintragen, und möglichst wenig Unheil.

Anmerkungen

1 Karl Rahner schreibt einmal: „Solange dieses alles Theorie bleibt und von uns so gepredigt wird, als ob es nur eine schlaue, utopische Ideologie sei, auf die man sich im wirklichen Leben vorsichtigerweise doch nicht einläßt, erlöst und befreit die Botschaft von Gott natürlich nicht.
Diese Botschaft muss im Leben ohne Rückversicherung gewagt werden, dann zeigt sie, daß sie trägt und befreit. Erst wenn diese Botschaft des lebendigen Gottes in den Kirchen mit aller Kraft des Geistes gepredigt wird, wird der Eindruck verschwinden, die Kirche sei doch nur ein seltsames Relikt aus den Zeiten einer Gesellschaft, die zum Untergang verurteilt ist.
Nur wenn wir es fertig bringen, zu begreifen und zu leben, dass Gott nicht unsere langsam als solche durchschaute Projektion, sondern wir selbst die in Eigenstand und Freiheit gesetzte Projektion Gottes sind, nur indem uns dies gelingt, indem wir arglos und vertrauend entdecken, daß insgeheim unser Erstes und Letztes in uns immer schon so denkt und lebt und man sich darum auch in Freiheit darauf einlassen kann, erfahren wir die befreiende und seligmachende Botschaft vom lebendigen Gott, von seiner erlösenden Gnade, von seiner Vergebung und von seiner uns vergöttlichenden Liebe, die keine Frage mehr stellt, weil sie selbst die eine Antwort ist."
Karl Rahner, Strukturwandel der Kirche als Aufgabe und Chance, Herder Freiburg, 3. Auflage 1973, 93f.

2 einfach wahrnehmen
Ohne Gier und Sehnsucht,
ohne Erwartung und Berechnung
geduldig sehen und „lesen lernen", was wirklich begegnet.
Nicht deuten,
nichts hineinlesen in die Dinge,
sondern hinschauen
bis das Licht hereinbricht.
Simone Weil, 1905–1943, leider nicht zuzuordnendes Zitat auf einem Kalenderblatt.

3 [13]Das Paschafest der Juden war nahe und Jesus zog nach Jerusalem hinauf. [14]Im Tempel fand er die Verkäufer von Rindern, Schafen und Tauben und die Geldwechsler, die dort saßen. [15]Er machte eine Geißel aus Stricken und trieb sie alle aus dem Tempel hinaus samt den Schafen und Rindern; das Geld der Wechsler schüttete er aus, ihre Tische stieß er um [16]und zu den Taubenhändlern sagte er: Schafft das hier weg, macht das Haus meines Vaters nicht zu einer Markthalle! [17]Seine Jünger erinnerten sich, dass geschrieben steht: Der Eifer für dein Haus

wird mich verzehren. ¹⁸Da ergriffen die Juden das Wort und sagten zu ihm: Welches Zeichen lässt du uns sehen, dass du dies tun darfst? ¹⁹Jesus antwortete ihnen: Reißt diesen Tempel nieder und in drei Tagen werde ich ihn wieder aufrichten. ²⁰Da sagten die Juden: Sechsundvierzig Jahre wurde an diesem Tempel gebaut und du willst ihn in drei Tagen wieder aufrichten? ²¹Er aber meinte den Tempel seines Leibes. ²²Als er von den Toten auferweckt war, erinnerten sich seine Jünger, dass er dies gesagt hatte, und sie glaubten der Schrift und dem Wort, das Jesus gesprochen hatte. ²³Während er zum Paschafest in Jerusalem war, kamen viele zum Glauben an seinen Namen, da sie die Zeichen sahen, die er tat. ²⁴Jesus selbst aber vertraute sich ihnen nicht an, denn er kannte sie alle ²⁵und brauchte von keinem ein Zeugnis über den Menschen; denn er wusste, was im Menschen war.
Joh 2, 13–25.

Der Reiz dieses Textes, sowohl in der johanneischen, wie in den synoptischen Traditionen, liegt in dem aggressiven Verhalten Jesu. In immer wieder neuen Variationen kann man sich die Lautstärke dieser Szene ausmalen, die fallenden Tische, klirrenden Münzen, das Geschrei, die wahrscheinlich ebenfalls involvierten Apostel, die Tempelpolizei, die sich einer Autonomen-Gang (Formulierung von Heiner Geißler) gegenüber sah usw. Der Text wird daher in Verkündigung, Kunst, Literatur immer wieder als Beispiel dafür herangezogen, dass Christsein nicht mit Bravsein oder Leiden an den Umständen gleichzusetzen ist.

Jesus wird im Tempel spürbar durch seinen Ärger, seine laute Stimme, durch Streit. Ein kirchlicherseits, aber auch in einer sich korrekt verhaltenden Gesellschaft gern übersehenes Faktum: Kontaktaufnehmen kann man nur mit einem Menschen, der auch streiten kann.

4 Für die Tempelsteuer wurde der römische Denar nicht akzeptiert, sondern nur heiliges Geld, das waren der jüdische Silberschekel und die gleichwertige tyrische Drachme. So war es verständlich, dass an dem Ort, wo die Tempelsteuer in der Regel bezahlt wurde, nämlich im Tempel, Geldwechsler tätig waren. Vermutlich hatten diese an die Priester eine Art Standgebühr zu entrichten, so dass die Priester letztlich Nutznießer ihrer Aktivitäten waren. Der Talmud beklagt jedenfalls die Verstrickung der Priester in kaufmännische Aktivitäten im Tempelbezirk und ihre Monopolstellung bei der Anschaffung von Opferutensilien. Auch Flavius Josephus berichtet Ähnliches (vgl. *Gnilka*, nächste Fußnote). In jedem Fall enthielt die Aktion Jesu also wohl einen massiven Aspekt von Entlarvung der auf oberflächliches Handeln und Machterhaltung geschrumpften Motive der machthabenden Priesterschaft und einen unmissverständlichen Hinweis auf das missachtete Eigentliche des menschlichen Glaubensaktes. Die Aktualität des Textes liegt insofern deutlich auf der Hand.

5   Während in der prophetischen Tradition ein permanentes Interesse an der Kultverbesserung und Heiligung des zentralen Heiligtums zu beobachten ist (vgl. Sach 14, 21), ist für den johanneischen Evangelisten der Tempel jedoch kein Kultort. Der Ausdruck „Pascha der Juden" in Vers 13 bezeichnet seine Distanz. Das eigenständige Interesse des Evangelisten kommt in den Versen 17.18–21 und 22 zum Ausdruck, in denen er nach der Zuspitzung der göttlichen Vollmachtsfrage auf den Leib Jesu (18–21), der hier nicht die Eucharistie oder paulinisch die Kirche meint, sondern der neue Tempel, das neue Haus Gottes ist (vgl. Joh 1, 51), zweimal den (nachträglichen) Glauben der Jünger als vorbildlich darstellt (17 und 22). Dabei ist der Glaube (pistis) einer der johanneischen Topoi, der immer mehr aussagt, als das Wort oberflächlich hergibt. Glauben meint das hebräische aman, die menschliche Ganzhingabe an den Gott, der in die Welt gekommen ist, zu uns Menschen gesprochen hat und Jesus Christus von den Toten erweckt hat. Gott, der immer präsent war und ist, der die Wahrheit ist, nach der alle Menschen sich sehnen, das Licht, das in der Finsternis leuchtet. Er wird angebetet im Geist und in der Wahrheit (Joh 4, 23), im Glauben an Gott vollzieht sich je neu das Geheimnis des ausgehenden Logos Jesus Christus, so wird der wahre Tempel geheiligt. Ein weiteres Interesse des Evangelisten wird deutlich in der Positionierung der Tempelreinigung an den Anfang des Evangeliums (die Synoptiker bringen die Szene erst gegen Ende ihrer Texte im Zusammenhang mit dem Jerusalemaufenthalt und (historisch womöglich richtiger) als (Mit-) Auslöser der Gefangennahme): er befindet sich dort unmittelbar nach dem Weinwunder bei der Hochzeit zu Kana. Möglicherweise will der Evangelist in diesem Zusammenhang gleich zu Anfang des Evangeliums Jesu Wirken skizzieren. Es besitzt die zwei Seiten Herrlichkeitsoffenbarung und Kampf, Heil und Gericht, und es bewirkt Glaube und Ablehnung, Erkenntnis und Missverständnis.
So bezeichnen die abschließenden Verse 23–25 denn auch einen anderen Weg, den Jesus und der Evangelist ablehnen: den oberflächlichen Glauben aufgrund von Wunder-Zeichen (zu allem vgl. *Joachim Gnilka*, Die neue Echter Bibel, Johannesevangelium, Echter, Würzburg, 5. Auflage 1999, 24–27).
Beide Zusammenhänge, die Beziehung beider Perikopen zueinander, und die Innerlichkeit des Glaubensaktes, des Heiligtums, wurden auch von den Vätern gesehen. *Gnilka* verweist auf Origenes und Augustinus, aber auch auf Luther, bei dem es heißt: „Du brauchst nicht nach Compostela oder in andere Orte zu gehen, um ihn zu treffen. Nein, kehre dein Angesicht und Herz gen Himmel zu Christus, der zur Rechten des Vaters sitzt" (*Gnilka*, 27).

6   Das ist wohl der Sinn des Satzes: „Reißt diesen Tempel nieder, in drei Tagen werde ich ihn wieder aufrichten." *Meister Eckhart* handelt in seiner ersten deutschen

Predigt (Intravit Jesus in templum et coepit eicere vendentes et ementes, *Meister Eckhart*, Deutsche Predigten und Traktate, herausgegeben und übersetzt von Josef Quint, Carl Hanser, München 7. Auflage 1995, S. 153–158) von dieser Textstelle. Er vergleicht den leeren Tempel mit der Seele und sagt, Gott habe ein Recht, die Seele leer vorzufinden. Die Händler, die die Seele blockieren sind die Bereitschaft, gute Werke zu tun und ein guter Mensch sein zu wollen. Die Wahrheit (Gott) betreibt aber keinen Handel. An uns ist es, aufzuhören handeln zu wollen: „Wenn die Seele in Gott eingeht, dann geht sie in das ungeschaffene Nichts, aus dem sie aus eigener Kraft nicht zurückfindet, nur wenn das ewige Wort in ihr gesprochen wird. Jesus, Gott, wenn er in die Seele eingeht, spricht sich selbst dort aus. Er spricht sich aus und spricht so, was er ist und was die Seele ist und gibt ihr so ihren Ort in der Zeitlichkeit zurück. Niemand sonst soll und kann in diesem Tempel, der Seele, sprechen."

7 *Johannes Tauler*, der berühmte mittelalterliche Mystiker, setzt daher den Tempel direkt mit unserer Seele gleich und schreibt, dass es darum gehen muss, zunächst in der eigenen Seele zu entrümpeln, damit wieder Raum wird für das Eigentliche. „Der Mensch lasse die Bilder der Dinge ganz und gar fahren und mache und halte seinen Tempel (damit meint er die Seele) leer. Denn wäre der Tempel entleert, und wären die Fantasien, die den Tempel besetzt halten, draußen, so könntest Du ein Gotteshaus werden, und nicht eher, was du auch tust. Und so hättest du den Frieden deines Herzens und Freude, und dich störte nichts mehr von dem, was dich jetzt ständig stört, dich bedrückt und dich leiden lässt." *Johannes Tauler*, Predigten, übertragen und herausgegeben von Georg Hofmann, Johannes Verlag Einsiedeln 3. Auflage 1987.

8 Die ersten wohl von *Omar Chajjam*, die zweiten von *Dschalaluddin Rumi*.

9 *Teresa von Avila*, Wege zum Gebet, eine Textauswahl, ausgewählt und übertragen von Irene Behn, Benzinger Zürich 5. Auflage 1992, Weg der Vollkommenheit, 48. Kapitel, 131f.

10 Vergeben heißt nicht vergessen, sondern es heißt dem Bösen seine perverse Macht zu nehmen über die Opfer, und heißt, einen Hoffnungsschimmer wieder zuzulassen.

11 Übersetzung von *Irene Behn*, vgl. Fußnote oben.

12 *Ignatius*, Der Bericht des Pilgers, übersetzt und erläutert von Burkhart Schneider, Herder Freiburg, 5. Auflage 1977, BP 37, 70f.

13   *Edith Stein:* in der Kraft des Kreuzes.

14   *Konstantin Wecker,* Jeder Augenblick ist ewig. Die Gedichte, dtv, 6. Auflage 2017, 250.

15   *Johannes Cassian,* Unterredungen mit den Vätern, übers. u. erläutert von Gabriele Ziegler, Teil 1: Collationes 1 bis 10, Münsterschwarzach 2011, X, 10, 311–315.

16   *Papst Franziskus* bezeichnete sie in seiner Fastenpredigt für die Fastenzeit 2018 gar als zerbrochen.

17   Dieser und die folgenden Gedanken nach *Carl Amery,* Global Exit, Die Kirchen und der Totale Markt, btb, 2004, 11ff.

18   *Papst Franziskus* in seiner Fastenpredigt für die Fastenzeit 2018.

19   ^{5}Wir verkündigen nämlich nicht uns selbst, sondern Jesus Christus als den Herrn, uns aber als eure Knechte um Jesu willen. ^{6}Denn Gott, der sprach: Aus Finsternis soll Licht aufleuchten!, er ist in unseren Herzen aufgeleuchtet, damit wir erleuchtet werden zur Erkenntnis des göttlichen Glanzes auf dem Antlitz Christi. ^{7}Diesen Schatz tragen wir in zerbrechlichen Gefäßen; so wird deutlich, dass das Übermaß der Kraft von Gott und nicht von uns kommt. ^{8}Von allen Seiten werden wir in die Enge getrieben und finden doch noch Raum; wir wissen weder aus noch ein und verzweifeln dennoch nicht; ^{9}wir werden gehetzt und sind doch nicht verlassen; wir werden niedergestreckt und doch nicht vernichtet. ^{10}Wohin wir auch kommen, immer tragen wir das Todesleiden Jesu an unserem Leib, damit auch das Leben Jesu an unserem Leib sichtbar wird. ^{11}Denn immer werden wir, obgleich wir leben, um Jesu willen dem Tod ausgeliefert, damit auch das Leben Jesu an unserem sterblichen Fleisch offenbar wird. (…)
^{14}Denn wir wissen, dass der, welcher Jesus, den Herrn, auferweckt hat, auch uns mit Jesus auferwecken und uns zusammen mit euch (vor sein Angesicht) stellen wird. (…)
^{16}Darum werden wir nicht müde; wenn auch unser äußerer Mensch aufgerieben wird, der innere wird Tag für Tag erneuert. ^{17}Denn die kleine Last unserer gegenwärtigen Not schafft uns in maßlosem Übermaß ein ewiges Gewicht an Herrlichkeit, ^{18}uns, die wir nicht auf das Sichtbare starren, sondern nach dem Unsichtbaren ausblicken; denn das Sichtbare ist vergänglich, das Unsichtbare ist ewig.
2 Kor 4, 5–11; 14; 16–18

20 *Amery,* ebd. 90.

21 *Papst Franziskus,* Apostolisches Schreiben Evangelii Gaudium.

22 „Sind wir uns nicht einig, daß dein Herz ersehen soll, was es – wie du sagst – nicht kann, glauben an den Sinn, die Freiheit, das Glück, die Weite, die lichte Wahrheit, an – Gott? Wie könntest du, was in dir ist, ausdrücken mit dem bitteren Wort: ich kann nicht, ohne zugleich einzugestehen, daß es gut wäre, ersehnt und verpflichtend ist, zu können? Ich meine, es bleibt dabei: Gnade kommt in der Gestalt deiner freien Tat; und es ist nie so, daß du nur warten dürftest. Eines kannst du immer: wenigstens auf den Knien und mit dem Mund in die ohnmächtige, grenzenlose Finsternis deiner toten Herzenswüste hineinrufen, daß du nach Gott verlangst; eines kannst du, was wir alle tun müssen: beten. (…)
Und das genügt. Er weiß, er weiß, wann und wo unser Herz geläutert genug sein wird (ein wenig kann es schon auf Erden sein), um auch den blendenden Aufgang seiner Seligkeit zu ertragen, das arme Herz, das jetzt im Glauben an Jesus Christus mit IHM *die* Nacht teilt, die dem Glaubenden nichts ist als die unsere Augen blendende Finsternis des überschwenglichen Lichtes Gottes, die himmlische Nacht, da Gott erst eigentlich in unserem Herzen geboren wird." *Karl Rahner,* Von der Not und dem Segen des Gebets, Herder Freiburg, 2. Auflage 1992, 27–29.

Dank

Auf die eine oder andere Weise, wissentlich oder unwissentlich, haben mich viele Menschen darin unterstützt, zu dem zu werden, der ich bis heute geworden bin. Sie haben es verstanden, zum Werkzeug Gottes in meinem Leben zu werden. So haben sie alle auch ein Stück zum Geist dieses Buches beigetragen und ich möchte ihnen herzlich dafür danken:
Hans-Achim Groß, Maria-Theresia Groß, Gerd Sulk †, Klaus Moers, Lorenz Rademacher, Wolfgang Kraft, Volker Weyres, Diethelma Conze †, Willigis Jäger, Fidelis Ruppert, Hans-Jürgen Walther, Sabine Hübner, Hannjürg Neundorfer †, Blaz Topolovac, Uwe-Michael Braehmer, Anne Kurlemann, Herwig Gössl.